가사체 약사경과
한문 약사경 사경

무비스님 · 조현춘 공역

운주사

서문

'사람은 어떻게 살아야 하는가?'

이 질문은 인간이 그 역사를 시작하면서부터 품어온 인간존재에 대한 본질적인 문제입니다. 기계 문명의 발달로 물질을 누리는 삶은 눈부시게 풍요롭고 편리하게 되었으나 '사람은 어떻게 살아야 하는가?'라는 문제에서는 실로 그 의문이 적지 않습니다. 이것은 매우 어려운 문제지만 '가장 사람답게 사는 일'이라고 할 수 있을 것입니다. 그렇습니다. 사람인 이상 무엇보다도 중요하며 우선해야 할 일은 '가장 사람답게 사는 일'입니다.

어떻게 사는 것이 가장 사람답게 사는 일이겠습니까? 그 문제에 대한 올바른 길을 제시하기 위해서 그동안 수많은 현철들이 세상에 오시어 많은 가르침들을 남겨 놓았습니다. 불교에서는 사람이 사는 올바른 길을 위한 팔만 사천의 가르침을 제시하고 있습니다.

대심 조현춘 교수님께서 '금강경 원고'를 들고 소승을 처음 찾아 온 것도 벌써 20여년의 세월이 흘렀습니다. 처음에는 조금은 뜬금없다는 생각도 했습니다만, 교수님께서는 '인류 정신문화를 대표하는 경전들'을 현대어로 완벽하게 번역하기 위해 50년 세월을 꾸준히 노력해 오셨습니다. 교수님께서는 늘 '저는 화화회 (화엄경과 화이트헤드 연구회) 학자들이 다 만들어 놓은 것을 스님께 가지고 왔을 뿐입니다'면서 모든 공덕을 화화회에 돌리셨습니다. 어떤 의미에서는 교수님의 말씀이 옳습니다. 아무리 능력 있고 아무리 노력한다 한들 개인이 이렇게 큰일을 할 수는 없습니다. 20년이 넘는 세월을 꾸준히 매주 모임을 갖는 학자님들의 모임은 전 세계에서도 유례를 찾아보기 힘들다고 합니다. 화화회의 학자님들에게 존경과 감사의 말씀을 드립니다.

　교수님께서는 '행복하고 빛이 나고 향기 났던 사람들과 행복하고 빛이 나고 향기 나는 사람들은 거의 전부가 금강경을 독송했던 사람'이라면서 최근에는 '가사체 금강경 독송회'를 결성하였습니다. 이 모임을 통해 부처님의 진리, 즉 '사람답게 사는 방법'을 체화하여, 이생에서도 많은 행복을 누리시고, 내생에서는 극락왕생하시기를 축원 드립니다.

　『가사체 불교경전과 한글세대 불교경전』을 중심으로 『가사체 금강경과 조계종 금강경』, 『The Diamond Sutra 가사체 금강경』을 출판하였습니다. 도반님들의 요청으로 『가사체 금강경과 한문 금강경 사경』을 시작으로 사경집도 출판할 예정이라 하니 가히 기쁜 일입니다,

　모쪼록 참 진리인 부처님 말씀을 지금의 우리말 우리글로 사경하고 독송하여, 그 인연공덕으로 삶의 의미를 깨닫고 행복하시기를 축원 드립니다.

불기 2565년(서기 2021년) 여천如天 무비無比 합장

가사체 약사경과
한문 약사경 사경

漢文 藥師經
한 문 약 사 경

玄奘 漢文譯 / 無比 共 趙顯春 校勘
현 장 한 문 역　무 비 공 조 현 춘 교 감

해인사 고려대장경의 약사유리광여래본원공덕경(K0177, 현장 한문역)을 저본으로, 불설약사여래본원경(K0176, 달마급다 한문역), 약사유리광칠불여래공덕경(K0178, 의정 한문역) 약사유리광여래본원공덕경(심안 교감본)을 참고하여 교감하였습니다. 특히 4장의 ⑥절 ⑦절과 5장은 크게 교감하였으며, 낱낱 글자는 현재 사용하는 정자로 정리하였습니다.

지금 대한민국에는 출처가 분명하지 않은 한문 약사경 / 불교경전들이 많이 유통되고 있습니다. 우리는 참으로 자랑스러운 〈고려대장경〉을 가지고 있습니다. 2000년 경에는 말할 필요도 없고, 2010년 경에도 고려대장경 경판 영인본을 본다는 것은 참으로 어려웠습니다. 그러나 이제는 동국역경원에서 인터넷으로 제공해 주어서 너무나 쉽게 영인본을 볼 수 있고, 인출까지 가능합니다. 경전을 출판할 때에는, 〈정확하기로 유명한 고려대장경〉을 활용하는 것이 옳다고 봅니다. 손쉽다고 하여, 오자 탈자 투성이인 유통본을 그대로 베껴서 경전을 출판하는 일은 없기를 축원드립니다.

우리가 구마라집 한문역 경전들을 많이 보다보니까, 용어들이 조금은 생소하게 느껴지는 경우도 있습니다. 예를 들어서, 박가법薄伽梵의 통상 용어는 세존이며, 필추苾芻는 비구, 약차藥叉는 야차, 만수실리曼殊室利는 문수사리, 명행원만明行圓滿은 명행족, 무상장부無上丈夫는 무상사, 조어사調御士는 조어장부입니다.
그래서 한문 부분에서는 현장법사님의 용어를 그대로 두고, 우리말 번역은 통상 많이 사용하는 용어로 바꾸었습니다.

가사체 약사경

무비스님 · 조현춘 공역

현장 한문본을 저본으로 달마급다 한문본, 의정 한문본 외에도 심안 교감본을 참고하여 지금의 우리말에 맞고 논리적으로 옳게 번역하려고 노력하였습니다. 다음으로 독송하기 좋도록 가사체로 다듬었습니다.

약사경은 약사여래본원공덕경의 준말입니다. 약사여래 부처님께서는 중생들의 모든 병고를 다 살피시고, 열두 가지 큰 서원을 세우셨습니다. 열두 가지 서원을 통해서 모든 중생들을 동방만월정유리세계로 인도하십니다.

사바세계 중생들은 가지가지 질병으로 고통스러워하고 있습니다. 질병의 원인이야 당연히 자업자득이지요. 그러나 약사여래 부처님께서는 모든 중생들의 질병을 다 고치시겠다고 발원하신 것입니다.

우리말답게 번역하려고 노력하였습니다. 아무리 노력해도 완전한 번역은 불가능하겠지만, 그래도 노력은 하였습니다. 각 언어에는 그 언어의 특성이 있습니다. 여기서 자세히 나열하지는 못하지만, 산스끄리뜨어는 명사중심 수동형 언어이고, 영어는 대명사중심 조동사중심 언어이며, 우리말은 명사중심 동사중심 능동형 언어입니다. 또한 우리말에서는 부정문이 긍정문보다 앞에 있어야 합니다. 산스끄리뜨어나 영어나 한문에서는 긍정문이 부정문보다 앞에 있어야 합니다.

淨口業眞言
정 구 업 진 언

수리수리 마하수리 수수리 사바하(세번)

五方內外安慰諸神眞言
오 방 내 외 안 위 제 신 진 언

나무 사만다 못다남

옴 도로도로 지미 사바하(세번)

開法藏眞言
개 법 장 진 언

無上甚深微妙法 百千萬劫難遭遇
무 상 심 심 미 묘 법 백 천 만 겁 난 조 우

我今聞見得受持 願解如來眞實義
아 금 문 견 득 수 지 원 해 여 래 진 실 의

옴 아라남 아라다(세번)

입으로 지은 업을 씻어내는 진언
깨끗이~ 깨끗하게 참으로~ 깨끗하게
완전히~ 깨끗하게 깨끗이~ 살렵니다.
수리수리 마하수리 수수리 사바하(세번)

부처님과 성중님을 모셔오는 진언
일체모든부처님~ 일체모든 성중님~
이자리에 편안하게 임하시어 주옵소서.
나무 사만다 못다남
옴 도로도로 지미 사바하(세번)

경전 독송 전의 진언
높디높고 깊디깊은 부처님말씀
백천만겁 지나가도 듣기힘든데
제가지금 보고들어 지니었으니
부처님의 진실한뜻 이루렵니다.
옴 아라남 아라다(세번)

一. 法會因由分
일 법 회 인 유 분

①

如 是 我 聞　一 時　薄 伽 梵　遊 化 諸 國
여 시 아 문　일 시　박 가 범　유 화 제 국

至 廣 嚴 城　住 樂 音 樹 下　與 大 苾 蒭 衆
지 광 엄 성　주 악 음 수 하　여 대 필 추 중

八 千 人 俱　菩 薩 摩 訶 薩　三 萬 六 千　及
팔 천 인 구　보 살 마 하 살　삼 만 육 천　급

國 王　大 臣　婆 羅 門　居 士　天　龍　藥 叉
국 왕　대 신　바 라 문　거 사　천　룡　약 차

人 非 人 等　無 量 大 衆　恭 敬 圍 遶　而 爲
인 비 인 등　무 량 대 중　공 경 위 요　이 위

說 法.
설 법

②

爾 時　曼 殊 室 利　法 王 子　承 佛 威 神　從
이 시　만 수 실 리　법 왕 자　승 불 위 신　종

座 而 起　偏 袒 一 肩　右 膝 着 地　向 薄 伽
좌 이 기　편 단 일 견　우 슬 착 지　향 박 가

梵　曲 躬 合 掌　白 言.
범　곡 궁 합 장　백 언

1장 법회가 열린 배경

①

부처님이 팔천스님 삼만육천 보살들과
왕과대신 바라문과 거사들과 하느님과
용과야차 인비인등 부처님을 공경하는
한량없는 대중들에 들러싸여 교화하러
여러나라 다니시다 어느날~ 광엄성의
악음수~ 아래에서 다음같이 하시는걸
제가직접 들었으며 제가직접 봤습니다.

②

최고지혜 법왕자~ 문수사리 동자님이
부처님의 위신력을 받들고~ 일어나서
오른어깨 드러내고 오른무릎 땅에꿇고
합장하고 부처님께 말씀드리 셨습니다.

③

世尊 惟願演說 如是相類 諸佛名號
세존 유원연설 여시상류 제불명호

及本大願 殊勝功德 令諸聞者 業障
급본대원 수승공덕 영제문자 업장

銷除 爲欲利樂 像法轉時 諸有情故.
소제 위욕이락 상법전시 제유정고

④

爾時 世尊讚 曼殊室利童子言 善哉
이시 세존찬 만수실리동자언 선재

善哉 曼殊室利 汝以大悲 勸請我說
선재 만수실리 여이대비 권청아설

諸佛名號 本願功德 爲拔業障所纏
제불명호 본원공덕 위발업장소전

有情 利益安樂 像法轉時 諸有情故.
유정 이익안락 상법전시 제유정고

汝今諦聽 極善思惟 當爲汝說.
여금제청 극선사유 당위여설

⑤

曼殊室利言 唯然願說 我等樂聞.
만수실리언 유연원설 아등요문

③
거룩하신 부처님~ 거룩하신 부처님~
여기있는 저희들과 상법시대 중생들이
업장에서 벗어나서 즐거움을 누리도록
약사여래 큰발원과 명호를~ 염송하는
공덕들에 대하여서 말씀하여 주십시오.
④
문수사리 동자님~ 문수사리 동자님~
여기있는 중생이나 상법시대 중생들이
업장들을 소멸하고 즐거움을 누리도록
약사여래 큰발원과 명호를~ 염송하는
공덕들에 대하여서 말씀드리 겠습니다.
⑤
거룩하신 부처님~ 말씀하여 주십시오.
저희들을 위하여서 말씀하여 주십시오.

二. 十二大願
이 십 이 대 원

①

佛告 曼殊室利 東方 去此過十殑伽
불 고 만 수 실 리 동 방 거 차 과 십 긍 가

沙等佛土 有世界 名淨琉璃 佛號 藥
사 등 불 토 유 세 계 명 정 유 리 불 호 약

師琉璃光如來 應 正等覺 明行圓滿
사 유 리 광 여 래 응 정 등 각 명 행 원 만

善逝 世間解 無上丈夫 調御士 天人
선 서 세 간 해 무 상 장 부 조 어 사 천 인

師 佛 薄伽梵.
사 불 박 가 범

②

曼殊室利 彼佛世尊 藥師琉璃光如
만 수 실 리 피 불 세 존 약 사 유 리 광 여

來 本行菩薩道時 發十二大願 令諸
래 본 행 보 살 도 시 발 십 이 대 원 영 제

有情 所求皆得.
유 정 소 구 개 득

2장 열두 가지 큰 발원

①

문수사리 동자님~ 문수사리 동자님~
여기에서 동쪽으로 강가강의 모래수의
열배만큼 많디많은 불국토를 지나가면
약~사~ 유리광~ 여~래~ 응~공~
정등각~ 명행족~ 선~서~ 세간해~
무상사~ 조어장부 천인사~ 부처님~
세존의~ 정유리~ 세계가~ 있습니다.

②

문수사리 동자님~ 문수사리 동자님~
약~사~ 유리광~ 여~래~ 부처님~
세존께서 보살도를 수행하고 있을때에
중생들이 원하는것 빠짐없이 이루도록

第一大願 願我來世 得阿耨多羅三
제 일 대 원　원 아 내 세　득 아 누 다 라 삼

藐三菩提時 自身光明 熾然照曜 無
먁 삼 보 리 시　자 신 광 명　치 연 조 요　무

量無數無邊世界 以三十二大丈夫相
량 무 수 무 변 세 계　이 삼 십 이 대 장 부 상

八十隨好 莊嚴其身 令一切有情 如
팔 십 수 호　장 엄 기 신　영 일 체 유 정　여

我無異.
아 무 이

第二大願 願我來世 得菩提時 身如
제 이 대 원　원 아 내 세　득 보 리 시　신 여

琉璃 內外明徹 淨無瑕穢 光明廣大
유 리　내 외 명 철　정 무 하 예　광 명 광 대

功德巍巍 身善安住 焰網莊嚴 過於
공 덕 외 외　신 선 안 주　염 망 장 엄　과 어

日月 幽冥眾生 悉蒙開曉 隨意所趣
일 월　유 명 중 생　실 몽 개 효　수 의 소 취

作諸事業.
작 제 사 업

열두가지 큰발원을 세우시~ 었습니다.
제1 대원
내가바른 깨달음을 이루게될 세상에선
나의빛이 무량무수 무변세계 다비추고
나의몸은 삼십이상 팔십종호 다갖추고
모든중생 빠짐없이 나와같길 원합니다.
제2 대원
내가바른 깨달음을 이루게될 세상에선
공덕들이 매우높아 나의몸이 깨끗하고
맑디맑은 유리같이 안과밖이 투명하고
태양이나 달보다도 훨씬밝은 빛을내어
암흑세상 중생들이 모두밝음 세상에서
뜻하는일 빠짐없이 이루기를 원합니다.

第三大願 願我來世 得菩提時 以無
제 삼 대 원　원 아 내 세　득 보 리 시　이 무

量無邊 智慧方便 令諸有情 皆得無
량 무 변　지 혜 방 편　영 제 유 정　개 득 무

盡 所受用物 莫令衆生 有所乏少.
진　소 수 용 물　막 령 중 생　유 소 핍 소

第四大願 願我來世 得菩提時 若諸
제 사 대 원　원 아 내 세　득 보 리 시　약 제

有情 行邪道者 悉令安住 菩提道中
유 정　행 사 도 자　실 령 안 주　보 리 도 중

若行聲聞獨覺乘者 皆以大乘 而安
약 행 성 문 독 각 승 자　개 이 대 승　이 안

立之.
립 지

第五大願 願我來世 得菩提時 若有
제 오 대 원　원 아 내 세　득 보 리 시　약 유

無量無邊有情 於我法中 修行梵行
무 량 무 변 유 정　어 아 법 중　수 행 범 행

一切皆令 得不缺戒 具三聚戒 設有
일 체 개 령　득 불 결 계　구 삼 취 계　설 유

毀犯 聞我名已 還得清淨 不墮惡趣.
훼 범　문 아 명 이　환 득 청 정　불 타 악 취

제3 대원

내가바른 깨달음을 이루게될 세상에선
한량없고 끝이없는 지혜와~ 방편으로
중생들이 필요한것 빠짐없이 모두얻어
어떤것도 부족하지 아니하길 원합니다.

제4 대원

내가바른 깨달음을 이루게될 세상에선
잘못된길 가던중생 깨달음길 들어서고
성문이나 연각들이 대승의길 들어서서
안전하고 굳건하게 자리하길 원합니다.

제5 대원

내가바른 깨달음을 이루게될 세상에선
한량없고 끝이없는 무량무변 중생들이
나의법을 수행하여 삼취정계 다갖추고

第六大願 願我來世 得菩提時 若諸
제 육 대 원　원 아 내 세　득 보 리 시　약 제

有情 其身下劣 諸根不具 醜陋頑愚
유 정　기 신 하 열　제 근 불 구　추 루 완 우

盲聾瘖瘂 攣躄背僂 白癩癲狂 種種
맹 롱 음 아　연 벽 배 루　백 라 전 광　종 종

病苦 聞我名已 一切皆得 端正黠慧
병 고　문 아 명 이　일 체 개 득　단 정 할 혜

諸根完具 無諸疾苦.
제 근 완 구　무 제 질 고

第七大願 願我來世 得菩提時 若諸
제 칠 대 원　원 아 내 세　득 보 리 시　약 제

有情 衆病逼切 無救無歸 無醫無藥
유 정　중 병 핍 절　무 구 무 귀　무 의 무 약

혹시파계 하더라도 내이름을 염송하면

삼악도에 떨어지지 아니하길 원합니다.

제6 대원

내가바른 깨달음을 이루게될 세상에선

몸과마음 열등하고 팔다리가 불구여서

추잡하고 못생기고 어리석고 멍청하며

눈이없고 귀가멀고 말조차도 못하거나

오갈병~ 곱추나병 간질병등 갖은병에

시달리던 중생들이 내이름을 염송하면

단정하고 지혜롭고 신체기관 온전하고

모든질병 벗어나서 건강하길 원합니다.

제7 대원

내가바른 깨달음을 이루게될 세상에선

심한병을 많이앓아 고통받고 있는데도

無親無家 貧窮多苦 我之名號 一經
무 친 무 가　빈 궁 다 고　아 지 명 호　일 경

其耳 病悉得除 身心安樂 家屬資具
기 이　병 실 득 제　신 심 안 락　가 속 자 구

悉皆豐足 乃至 證得無上菩提.
실 개 풍 족　내 지　증 득 무 상 보 리

第八大願 願我來世 得菩提時 若有
제 팔 대 원　원 아 내 세　득 보 리 시　약 유

女人 爲女百惡之所逼惱 極生厭離
여 인　위 녀 백 악 지 소 핍 뇌　극 생 염 리

願捨女身 聞我名已 一切皆得 轉女
원 사 여 신　문 아 명 이　일 체 개 득　전 녀

成男 具丈夫相 乃至 證得無上菩提.
성 남　구 장 부 상　내 지　증 득 무 상 보 리

구하여줄 사람이나 의지할데 하나없고
의사나약 친척없고 가난한~ 중생들이
온마음과 온몸으로 내이름을 염송하면
모든질병 없어지고 몸과마음 안락하고
가족들이 번창화목 살림살이 풍족하며
최고바른 깨달음을 이루기를 원합니다.

제8 대원

내가바른 깨달음을 이루게될 세상에선
여인으로 태어나서 겪는고통 너무싫어
남자몸을 갖게되길 소원하는 여인들이
온마음과 온몸으로 내이름을 염송하면
빠짐없이 대장부의 상을갖춘 남자되고
최고바른 깨달음을 이루기를 원합니다.

第九大願 願我來世 得菩提時 令諸
제 구 대 원　원 아 내 세　득 보 리 시　영 제

有情 出魔羂網 解脫一切外道纏縛
유 정　출 마 견 망　해 탈 일 체 외 도 전 박

若墮種種 惡見稠林 皆當引攝 置於
약 타 종 종　악 견 조 림　개 당 인 섭　치 어

正見 漸令修習 諸菩薩行 速證 無上
정 견　점 령 수 습　제 보 살 행　속 증　무 상

正等菩提.
정 등 보 리

第十大願 願我來世 得菩提時 若諸
제 십 대 원　원 아 내 세　득 보 리 시　약 제

有情 王法所錄 縲縛鞭撻 繫閉牢獄
유 정　왕 법 소 록　유 박 편 달　계 폐 뇌 옥

或當刑戮 及餘無量災難 凌辱悲愁
혹 당 형 륙　급 여 무 량 재 난　능 욕 비 수

煎迫 身心受苦 若聞我名 以我福德
전 박　신 심 수 고　약 문 아 명　이 아 복 덕

威神力故 皆得 解脫一切憂苦.
위 신 력 고　개 득　해 탈 일 체 우 고

제9 대원

내가바른 깨달음을 이루게될 세상에선
가지가지 나쁜견해 빠져있던 중생들이
온마음과 온몸으로 내이름을 염송하면
악마그물 벗어나고 외도속박 벗어나서
바른견해 모두내고 보살행을 닦고익혀
최고바른 깨달음을 이루기를 원합니다.

제10 대원

법을어겨 오랏줄에 단단하게 묶이거나
채찍질을 당하거나 감옥안에 갇히거나
사형당해 죽는등의 한량없는 재난능욕
고통들로 몸과마음 괴로웠던 중생들이
온마음과 온몸으로 내이름을 염송하면
고통에서 벗어나서 행복하길 원합니다.

第十一大願 願我來世 得菩提時 若
제십일대원 원아내세 득보리시 약

諸有情 飢渴所惱 爲求食故 造諸惡
제유정 기갈소뇌 위구식고 조제악

業 得聞我名 專念受持 我當先以上
업 득문아명 전념수지 아당선이상

妙飮食 飽足其身 後以法味 畢竟安
묘음식 포족기신 후이법미 필경안

樂 而建立之.
락 이건립지

第十二大願 願我來世 得菩提時 若
제십이대원 원아내세 득보리시 약

諸有情 貧無衣服 蚊虻寒熱 晝夜逼
제유정 빈무의복 문맹한열 주야핍

惱 若聞我名 專念受持 如其所好 即
뇌 약문아명 전념수지 여기소호 즉

得種種 上妙衣服 亦得 一切寶莊嚴
득종종 상묘의복 역득 일체보장엄

具 花鬘塗香 鼓樂衆伎 隨心所翫 皆
구 화만도향 고악중기 수심소완 개

令滿足.
령만족

제11 대원

내가바른 깨달음을 이루게될 세상에선
굶주림에 시달리다 먹을것을 위하여서
가지가지 온갖악업 짓고있던 중생들이
온마음과 온몸으로 내이름을 염송하면
맛이좋은 음식으로 배부르게 되어지며
부처님법 받아지녀 안락하길 원합니다

제12 대원

내가바른 깨달음을 이루게될 세상에선
너무너무 가난하여 입을옷이 없다거나
모기파리 추위더위 시달리던 중생들이
온마음과 온몸으로 내이름을 염송하면
좋은의복 보배보석 꽃다발과 여러향과
춤이나~ 노래등을 즐기고~ 싶은대로

③

曼殊室利 是爲彼世尊 藥師琉璃光
만 수 실 리 시 위 피 세 존 약 사 유 리 광

如來 應正等覺 行菩薩道時 所發
여 래 응 정 등 각 행 보 살 도 시 소 발

十二微妙上願.
십 이 미 묘 상 원

三. 淨琉璃 世界 莊嚴
삼 정 유 리 세 계 장 엄

①

復次 曼殊室利 彼世尊 藥師琉璃光
부 차 만 수 실 리 피 세 존 약 사 유 리 광

如來 行菩薩道時 所發大願 及彼佛
여 래 행 보 살 도 시 소 발 대 원 급 피 불

土 功德莊嚴 我若一劫 若一劫餘 說
토 공 덕 장 엄 아 약 일 겁 약 일 겁 여 설

不能盡.
불 능 진

빠짐없이 다즐길수 있게되길 원합니다.

③

문수사리 동자님~ 지금말씀 드린것이

약~사~ 유리광~ 여~래~ 부처님~

세존께서 보살도를 수행하고 있을때에

세우셨던 열두가지 큰발원인 것입니다.

3장 정유리 세계의 장엄

①

문수사리 동자님~ 문수사리 동자님~

약~사~ 유리광~ 여~래~ 부처님~

세존께서 보살도를 행할때의 큰발원과

약사여래 부처님의 정유리~ 세계장엄

한겁동안 동자님께 계속계속 말을하고

②

然彼佛土 一向清淨 無有女人 亦無
연 피 불 토　일 향 청 정　무 유 여 인　역 무

惡趣 及苦音聲.
악 취　급 고 음 성

③

琉璃爲地 金繩界道 城闕宮閣 軒窓
유 리 위 지　금 승 계 도　성 궐 궁 각　헌 창

羅網 皆七寶成. 亦如西方極樂世界
라 망　개 칠 보 성　역 여 서 방 극 락 세 계

功德莊嚴 等無差別.
공 덕 장 엄　등 무 차 별

④

於其國中 有二菩薩摩訶薩 一名 日
어 기 국 중　유 이 보 살 마 하 살　일 명　일

光遍照 二名 月光遍照 是彼無量無
광 변 조　이 명　월 광 변 조　시 피 무 량 무

數菩薩衆之上首 悉能持彼世尊 藥
수 보 살 중 지 상 수　실 능 지 피 세 존　약

師琉璃光如來 正法寶藏.
사 유 리 광 여 래　정 법 보 장

또한겁을 말하여도 다말하지 못합니다.

②

약~사~ 유리광~ 부처님의 불국토는

참으로~ 청정하여 남녀차별 전혀없고

삼악도나 괴로움이 조금도~ 없습니다.

③

땅바닥은 유리이고 길의경계 금줄이며

성곽궁궐 누각창문 주렴등은 빠짐없이

모두값진 보석으로 장식되어 있습니다.

서방정토 극락세계 장엄들과 같습니다.

④

약사여래 불국토엔 두분보살 계십니다.

일광변조 보살님과 월광변조 보살님이

약~사~ 유리광~ 여~래~ 부처님의

보배로운 정법안장 빠짐없이 다지니고

⑤

是故 曼殊室利 諸有信心 善男子善
시고 만수실리 제유신심 선남자선

女人等 應當願生 彼佛世界.
여인등 응당원생 피불세계

四. 藥師如來 威神力
사 약사여래 위신력

四 · 一. 貪欲
사 일 탐욕

①

爾時 世尊 復告 曼殊室利 童子言.
이시 세존 부고 만수실리 동자언

曼殊室利 有諸衆生 不識善惡 唯懷
만수실리 유제중생 불식선악 유회

貪悋 不知布施 及 施果報.
탐린 부지보시 급 시과보

②

愚癡無智 闕於信根 多聚財寶 勤加
우치무지 궐어신근 다취재보 근가

34

한량없는 보살님들 앞에앉아 계십니다.
⑤
문수사리 동자님~ 문수사리 동자님~
선남자와 선여인은 저의말을 받아들여
약사여래 부처님의 세계안에 태어나길
온마음과 온몸으로 발원해야 하십니다.

4장 약사여래의 위신력

4·1. 탐욕

①
문수사리 동자님~ 문수사리 동자님~
선악식별 못하여서 보시과보 모르고서
인색하고 탐욕스런 중생들도 있습니다.
②
이런중생 어리석고 지혜없고 믿음없어

守護 見乞者來 其心不喜 設不獲已
수호 견걸자래 기심불희 설불획이

而行施時 如割身肉 深生痛惜.
이행시시 여할신육 심생통석

③

復有無量慳貪有情 積集資財 於其
부유무량간탐유정 적집자재 어기

自身 尙不受用 何況能與 父母妻子
자신 상불수용 하황능여 부모처자

奴婢 作使及來乞者.
노비 작사급래걸자

④

彼諸有情 從此命終 生餓鬼界 或傍
피제유정 종차명종 생아귀계 혹방

生趣 由昔人間 曾得暫聞 藥師琉璃
생취 유석인간 증득잠문 약사유리

光如來名故 念在惡趣 暫得憶念 彼
광여래명고 염재악취 잠득억념 피

如來名 即於念時 從彼處沒 還生人
여래명 즉어념시 종피처몰 환생인

中 得宿命念 畏惡趣苦 不樂欲樂 好
중 득숙명념 외악취고 불요욕락 호

재물보배 많이모아 지키는데 급급하여
구걸하러 오는사람 싫어하며 피합니다.
마지못해 억지로~ 보시하는 경우에도
살을베는 것과같은 심한고통 느낍니다.
③
이와같이 인색하고 탐욕스런 중생들은
부모처자 물론이요 자신조차 못쓰는데
구걸하는 사람에게 베풀수가 있으리오.
④
이런중생 목숨다해 세상떠난 이후에는
아귀로나 축생으로 태어나게 되지마는
약~사~ 유리광~ 여~래~ 부처님을
인간세상 있을때에 일심으로 염송하면
악도에서 약사여래 부처님을 기억하고
그순간에 악도떠나 인간세상 태어나며

行惠施 讚歎施者 一切所有 悉無貪
행 혜 시　찬 탄 시 자　일 체 소 유　실 무 탐

惜.
석

⑤

漸次尚能 以頭目手足 血肉身分 施
점 차 상 능　이 두 목 수 족　혈 육 신 분　시

來求者 况餘財物.
래 구 자　황 여 재 물

四·二. 邪見
사 　 이 　사 견

①

復次 曼殊室利 若諸有情 雖於如來
부 차　만 수 실 리　약 제 유 정　수 어 여 래

受諸學處 而破尸羅, 有雖不破尸羅
수 제 학 처　이 파 시 라　유 수 불 파 시 라

而破軌則, 有於尸羅軌則 雖得不壞
이 파 궤 칙　유 어 시 라 궤 칙　수 득 불 괴

然毀正見, 有雖不毀正見 而棄多聞
연 훼 정 견　유 수 불 훼 정 견　이 기 다 문

38

악도생활 회상하고 악도고통 무서워해
어떤것도 탐내거나 욕심내지 아니하고
짧은쾌락 멀리하고 보시하길 좋아하며
보시하는 사람들을 찬양찬탄 하십니다.
⑤
재산이나 재물등은 말할필요 조차없고
눈과손발 피와살도 보시할수 있습니다.

4·2. 삿된 견해
①
문수사리 동자님~ 문수사리 동자님~
부처님의 간절하신 가르침을 받고서도
계율들을 안지키는 중생들도 있습니다.
계율들은 지키지만 규칙들은 안지키고
계율규칙 지키지만 바른견해 안가지고

於佛所說 契經深義 不能解了, 有雖
어 불 소 설 계 경 심 의 불 능 해 료 유 수

多聞 而增上慢 由增上慢 覆蔽心故
다 문 이 증 상 만 유 증 상 만 부 폐 심 고

自是非他 嫌謗正法 爲魔伴黨.
자 시 비 타 혐 방 정 법 위 마 반 당

②

如是愚人 自行邪見 復令無量 俱胝
여 시 우 인 자 행 사 견 부 령 무 량 구 지

有情 墮大險坑. 此諸有情 應於地獄
유 정 타 대 험 갱 차 제 유 정 응 어 지 옥

傍生鬼趣 流轉無窮.
방 생 귀 취 유 전 무 궁

③

若得聞此 藥師琉璃光如來名號 便
약 득 문 차 약 사 유 리 광 여 래 명 호 편

捨惡行 修諸善法 不墮惡趣.
사 악 행 수 제 선 법 불 타 악 취

바른견해 가지지만 경전많이 안들어서
경전이치 잘모르는 중생들도 있습니다.
경전많이 알지마는 교만으로 덮히어서
자신만이 옳다하고 타인들은 그르다며
악마들의 무리들과 어울리어 다니면서
바른법을 비방하는 중생들도 있습니다.
②
이런중생 어리석어 스스로도 지옥아귀
축생길로 가게되는 견해따라 행동하고
한량없는 중생들을 오랜세월 동안계속
고통스런 악도에서 헤매도록 만듭니다.
③
그렇지만 이중생도 온마음과 온몸으로
약사여래 부처님을 일심으로 염송하며
나쁜행동 버리고서 착한행동 닦아가면

④

設有不能 捨諸惡行 修行善法 墮惡
설 유 불 능　사 제 악 행　수 행 선 법　타 악

趣者 以彼如來本願威力 令其現前
취 자　이 피 여 래 본 원 위 력　영 기 현 전

暫聞名號 從彼命終 還生人趣 得正
잠 문 명 호　종 피 명 종　환 생 인 취　득 정

見精進 善調意樂.
견 정 진　선 조 의 요

⑤

便能捨家 趣於非家 如來法中 受持
편 능 사 가　취 어 비 가　여 래 법 중　수 지

學處 無有毀犯 正見多聞 解甚深義.
학 처　무 유 훼 범　정 견 다 문　해 심 심 의

⑥

離增上慢 不謗正法 不爲魔伴 漸次
이 증 상 만　불 방 정 법　불 위 마 반　점 차

修行 諸菩薩行 速得圓滿.
수 행　제 보 살 행　속 득 원 만

고통스런 삼악도에 떨어지지 않습니다.

④

나쁜행동 못버리고 착한행동 닦지못해

삼악도에 떨어지게 되었다고 하더라도

약사여래 부처님의 큰발원의 위신으로

약사여래 부처님을 회상하고 염송하여

삼악도의 수명다해 인간으로 태어날땐

바른견해 바른정진 바른뜻을 세웁니다.

⑤

세속떠나 출가하여 부처님법 가운데서

가르침을 받아지녀 바른견해 많이듣고

오묘한뜻 깊이깊이 이해하고 행합니다.

⑥

교만하지 아니하고 바른법을 비방않고

악마친구 되지않고 보살도를 수행하여

四 · 三. 苦惱
사 삼 고뇌

①

復次 曼殊室利 若諸有情 慳貪嫉妬
부차 만수실리 약제유정 간탐질투

自讚毁他 當墮三惡趣中 無量千歲
자찬훼타 당타삼악취중 무량천세

受諸劇苦,
수 제 극 고

②

受劇苦已 從彼命終 來生人間 作牛
수극고이 종피명종 내생인간 작우

馬駝驢 恒被鞭撻 飢渴逼惱 又常負
마타려 항피편달 기갈핍뇌 우상부

重 隨路而行,
중 수로이행

③

或得爲人 生居下賤 作人奴婢 受他
혹득위인 생거하천 작인노비 수타

驅役 恒不自在.
구역 항부자재

최고바른 깨달음을 온전하게 이룹니다.

4·3. 고뇌
①
문수사리 동자님~ 탐욕질투 물이들어
자기자신 내세우려 남을비방 하는중생
지옥에서 오랜세월 온갖고통 받습니다.
②
지옥수명 다하여서 지옥고통 끝이나면
소말낙타 노새같은 짐승으로 태어나서
채찍맞고 굶주림과 목마름에 허덕이며
사람위해 무거운짐 항상싣고 다닙니다.
③
사람으로 태어나도 천한노비 신분으로
항상남의 부림받아 자유롭지 못합니다.

④

若昔人中 曾聞世尊 藥師琉璃光如
약 석 인 중　증 문 세 존　약 사 유 리 광 여

來名號 由此善因 今復憶念 至心歸
래 명 호　유 차 선 인　금 부 억 념　지 심 귀

依 以佛神力 衆苦解脫.
의　이 불 신 력　중 고 해 탈

⑤

諸根聰利 智慧多聞 恒求勝法 常遇
제 근 총 리　지 혜 다 문　항 구 승 법　상 우

善友 永斷魔羂 破無明殼 竭煩惱河.
선 우　영 단 마 견　파 무 명 각　갈 번 뇌 하

⑥

解脫 一切生老病死 憂悲苦惱.
해 탈　일 체 생 로 병 사　우 비 고 뇌

46

④
그렇지만 과거세상 약사여래 명호듣고
지금다시 기억하여 귀의하는 중생들은
약사여래 부처님의 위신력의 가피로써
온갖고통 벗어나서 구경열반 이룹니다.
⑤
총명감각 타고나며 지혜롭고 똑똑하며
수승한법 늘구하고 착한벗을 항상만나
마구니의 올가미서 영원토록 벗어나고
어두움을 깨뜨리고 번뇌강물 말립니다.
⑥
일체모든 생노병사 완전하게 벗어나서
슬픔고통 전혀없는 적정열반 이룹니다.

四 · 四. 惡緣
사 사 악 연

①

復次 曼殊室利 若諸有情 好憙乖離
부차 만수실리 약제유정 호희괴리

更相鬪訟 惱亂自他 以身語意 造作
갱상투송 뇌란자타 이신어의 조작

增長 種種惡業 展轉常爲 不饒益事
증장 종종악업 전전상위 불요익사

互相謀害 告召山林樹塚等神 殺諸
호상모해 고소산림수총등신 살제

眾生 取其血肉 祭祀藥叉羅刹娑等
중생 취기혈육 제사약차나찰사등

書怨人名 作其形像 以惡呪術 而呪
서원인명 작기형상 이악주술 이주

詛之 厭媚蠱道 呪起屍鬼 令斷彼命
저지 염미고도 주기시귀 영단피명

及壞其身 是諸有情 若得聞此 藥師
급괴기신 시제유정 약득문차 약사

琉璃光如來名號 彼諸惡事 悉不能
유리광여래명호 피제악사 실불능

4 · 4. 악연

①

문수사리 동자님~ 문수사리 동자님~

어긋난짓 좋아하고 싸움하고 소송하여

나와남을 혼란시켜 온갖악업 다지으며

나와남을 해치게할 못된짓만 찾아하고

중생들의 피와살로 산의신과 숲의신과

나무의신 무덤의신 등께고사 지내면서

야차들과 나찰들께 약밥하여 올리면서

원수들의 이름적고 형상들을 만들어서

주술로써 저주하며 제사까지 지내어도

목숨과몸 파괴하려 귀신에게 주문외도

약~사~ 유리광~ 여래명호 염송하면

어떤것도 이사람을 해칠수가 없게되며

害 一切展轉 皆起慈心 利益安樂.
해 일 체 전 전 개 기 자 심 이 익 안 락

②

無損惱意 及嫌恨心 各各歡悅.
무 손 뇌 의 급 혐 한 심 각 각 환 열

③

於自所受 生於喜足.
어 자 소 수 생 어 희 족

④

不相侵凌 互爲饒益.
불 상 침 릉 호 위 요 익

四·五. 雖生天中
사 오 수 생 천 중

①

復次 曼殊室利 若有四衆 苾芻苾芻
부 차 만 수 실 리 약 유 사 중 필 추 필 추

尼 鄔波索迦鄔波斯迦 及餘淨信 善
니 오 바 색 가 오 바 사 가 급 여 정 신 선

男子善女人等 有能受持 八分齋戒
남 자 선 여 인 등 유 능 수 지 팔 분 재 계

자비로운 마음으로 안락함을 베풉니다.
②
미워하는 마음이나 해치려는 마음벗고
가지가지 즐거움을 빠짐없이 누립니다.
③
자신에게 일어나는 모든일에 기뻐하고
항상기쁜 마음으로 고마움을 느낍니다.
④
서로비난 하지않고 이로움을 베풉니다.

4 · 5. 하늘나라 태어나도
①
문수사리 동자님~ 문수사리 동자님~
남자스님 여자스님 남자신도 여자신도
깨끗하고 맑은마음 선남자와 선여인이
팔분재계 일년이나 석달동안 잘지키면

或經一年 或復三月 受持學處 以此
혹 경 일 년　혹 부 삼 월　수 지 학 처　이 차

善根 願生西方極樂世界 無量壽佛
선 근　원 생 서 방 극 락 세 계　무 량 수 불

所 聽聞正法.
소　청 문 정 법

②

而未定者 若聞世尊 藥師琉璃光如
이 미 정 자　약 문 세 존　약 사 유 리 광 여

來名號 臨命終時 有八大菩薩 其名
래 명 호　임 명 종 시　유 팔 대 보 살　기 명

曰 文殊師利菩薩 觀世音菩薩 大勢
왈　문 수 사 리 보 살　관 세 음 보 살　대 세

菩薩 無盡意菩薩 寶檀華菩薩 藥王
보 살　무 진 의 보 살　보 단 화 보 살　약 왕

菩薩 藥上菩薩 彌勒菩薩 是八大菩
보 살　약 상 보 살　미 륵 보 살　시 팔 대 보

薩 乘神通來 示其道路 即於彼界.
살　승 신 통 래　시 기 도 로　즉 어 피 계

③

種種雜色 衆寶花中 自然化生.
종 종 잡 색　중 보 화 중　자 연 화 생

소원대로 무량수~ 부처님의 서방정토
극락세계 태어나서 바른법을 듣습니다.

②

극락세계 못가게된 중생들도 임종시에
약사여래 부처님을 일심으로 염송하면
문수사리 보살님~ 관세음~ 보살님~
대세지~ 보살님~ 무진의~ 보살님~
보단화~ 보살님~ 약~왕~ 보살님~
약~상~ 보살님~ 미~륵~ 보살님등
여덟분의 대보살이 신통으로 나투시어
정유리~ 세계가는 길로안내 하십니다.

③

가지가지 온갖빛깔 보배꽃이 피어있는
정유리~ 세계안에 태어나게 해줍니다

④

或有因此 生於天上 雖生天中 而本
혹유인차　생어천상　수생천중　이본

善根 亦未窮盡 不復更生 諸餘惡趣
선근　역미궁진　불부갱생　제여악취

天上壽盡 還生人間 或爲輪王 統攝
천상수진　환생인간　혹위륜왕　통섭

四洲 威德自在 安立 無量百千有情
사주　위덕자재　안립　무량백천유정

於十善道.
어십선도

⑤

或生刹帝利 婆羅門居士大家 多饒
혹생찰제리　바라문거사대가　다요

財寶 倉庫盈溢 形相端嚴 眷屬具足
재보　창고영일　형상단엄　권속구족

聰明智慧 勇健威猛 如大力士.
총명지혜　용건위맹　여대력사

⑥

若是女人 得聞世尊 藥師如來名號
약시여인　득문세존　약사여래명호

至心受持 於後不復 更受女身.
지심수지　어후불부　갱수여신

④
하늘나라 태어나는 경우도~ 있지마는
하늘나라 태어나도 전생선근 무궁하여
다시어떤 악도에도 태어나지 않습니다.
하늘나라 수명다해 인간으로 태어날땐
전륜성왕 으로나서 사대주를 통치하며
위엄덕망 자재갖춰 한량없는 중생에게
열가지의 선업을다 굳건하게 행합니다.
⑤
찰제리나 바라문등 존귀하게 태어나서
재물이나 보배들이 창고안에 가득하고
생김새가 단정하고 권속들이 번창하며
총명지혜 용맹강건 위엄모두 갖춥니다.
⑥
선여인이 약사여래 일심으로 염송하면

四·六. 病苦
사 　 육 　 병고

①

復次 曼殊室利 彼藥師琉璃光如來
부 차 　 만 수 실 리 　 피 약 사 유 리 광 여 래

得菩提時 由本願力 觀諸有情 遇衆
득 보 리 시 　 유 본 원 력 　 관 제 유 정 　 우 중

病苦 瘦攣乾消 黃熱等病 或被厭魅
병 고 　 수 련 건 소 　 황 열 등 병 　 혹 피 염 매

蠱毒 所中 或復短命 或時橫死 欲令
고 독 　 소 중 　 혹 부 단 명 　 혹 시 횡 사 　 욕 령

是等病苦消除 所求願滿.
시 등 병 고 소 제 　 소 구 원 만

四·七. 苦難消滅 陀羅尼
사 　 칠 　 고 난 소 멸 다 라 니

①

時彼世尊 入三摩地 名曰除滅一切
시 피 세 존 　 입 삼 마 지 　 명 왈 제 멸 일 체

衆生苦惱 旣入定已 於肉髻中 出大
중 생 고 뇌 　 기 입 정 이 　 어 육 계 중 　 출 대

다음생엔 여인차별 전혀받지 않습니다.

4 · 6. 병고

①

문수사리 동자님~ 문수사리 동자님~
약사여래 부처님이 깨달음을 증득할때
소갈병과 황달열병 홀렸거나 저주받아
비명횡사 당해죽는 중생들을 보시고서
병고소멸 소원성취 발원하시 었습니다.

4 · 7. 고난소멸 다라니

①

부처님이 '제멸일체 중생고뇌 삼매'들어
육계에서 크고밝은 대광명의 빛을내며
다음같은 대다라니 염송하시 었습니다.

光明 光中演說大陀羅尼曰 "南謨
광명 광중연설대다라니왈　　　나모

薄伽伐帝 鞞殺社 窶嚕 薜琉璃 鉢喇
박　가　벌　제　비　살　사　구　로　설　유　리　발　라

婆 喝囉闍也 呾他揭多耶 阿囉喝帝
바　갈　라　사　야　달　타　아　다　야　아　라　갈　제

三藐三勃他耶 怛姪他 唵 鞞殺逝 鞞
삼　막　삼　발　타　야　단　야　타　옴　비　살　서　비

殺逝 鞞殺社 三沒揭帝 娑婆訶."
살　서　비　살　사　삼　몰　아　제　사　바　하

②

爾時 光中 說此呪已 大地震動 放大
이　시　광　중　설　차　주　이　대　지　진　동　방　대

光明 一切眾生 病苦皆除 受安穩樂.
광　명　일　체　중　생　병　고　개　제　수　안　온　락

③

曼殊室利 若見男子女人 有病苦者
만　수　실　리　약　견　남　자　여　인　유　병　고　자

應當一心 爲彼病人 常清淨澡漱 或
응　당　일　심　위　피　병　인　상　청　정　조　수　혹

食或藥 或無蟲水 呪一百八遍 與彼
식　혹　약　혹　무　충　수　주　일　백　팔　편　여　피

나모 바가와떼 바이사지아
구루-바이듀리아 쁘라바-라자야
따타가따야 아르하떼 삼먁-삼붇다야
따댜타 옴 바이사지에 바이사지에
바아사지아 삼우드가떼 스와하

②

부처님이 빛을내며 이진언을 염송하니
온천지가 진동하며 큰광명을 발하였고
모든중생 병고떠나 안락얻게 됐습니다.

③

문수사리 동자님~ 남자든지 여자든지
병고들에 시달리는 사람들을 만나거든
목욕하고 양치한후 음식이나 약들이나
벌레없는 물을향해 일심으로 이진언을
일백팔번 염송하고 복용하게 하십시오.

服食 所有病苦 悉皆消滅.
복 식　소 유 병 고　실 개 소 멸

④

若有所求 至心念誦 皆得如是 無病
약 유 소 구　지 심 염 송　개 득 여 시　무 병

延年 命終之後 生彼世界 得不退轉
연 년　명 종 지 후　생 피 세 계　득 불 퇴 전

乃至菩提.
내 지 보 리

⑤

是故 曼殊室利 若有男子女人 於彼
시 고　만 수 실 리　약 유 남 자 여 인　어 피

藥師琉璃光如來 至心殷重 恭敬供
약 사 유 리 광 여 래　지 심 은 중　공 경 공

養者 常持此呪 勿令廢忘.
양 자　상 지 차 주　물 령 폐 망

병고모두 소멸하고 건강함을 누립니다.
④

이진언을 지극정성 일심으로 염송하면
모든것이 이뤄지며 무병장수 누린후엔
약사여래 정유리~ 세계에~ 태어나서
불퇴전의 경계얻고 깨달음을 이룹니다.
⑤

문수사리 동자님~ 문수사리 동자님~
약~사~ 유리광~ 여~래~ 부처님을
일심으로 공경공양 하려하는 중생들은
잊지말고 이진언을 간직토록 하십시오.

五. 藥師如來 攻德
오   약사여래 공덕

①

復次　曼殊室利　若有淨信男子女人
부차　만수실리　약유정신남자여인

得聞　藥師琉璃光如來　應　正等覺　所
득문　약사유리광여래　응　정등각　소

有名號　聞已誦持　晨嚼齒木　燥漱清
유명호　문이송지　신작치목　조수청

淨　以諸香花　燒香塗香　作衆伎樂　供
정　이제향화　소향도향　작중기악　공

養形像　於此經典　若自書　若教人書
양형상　어차경전　약자서　약교인서

一念受持聽聞其義　於彼法師　應修
일념수지청문기의　어피법사　응수

供養　一切所有資身之具　悉皆施與
공양　일체소유자신지구　실개시여

勿令乏少　如是便蒙諸佛護念　所求
물령핍소　여시편몽제불호념　소구

願滿　乃至菩提.
원만　내지보리

5장 약사여래의 공덕

①

문수사리 동자님~ 문수사리 동자님~
약~사~ 유리광~ 여~래~ 응~공~
정등각을 염송하는 선남자와 선여인이
이른아침 양치하고 깨끗하게 목욕하고
향기로운 꽃다발과 태우는향 바르는향
가지가지 춤과노래 공경스레 공양하고
이경전을 직접쓰고 다른사람 시켜써서
한결같은 마음으로 경전뜻을 새기면서
법사께도 생활용품 충분하게 보시하면
부처님의 보호받아 모든소원 이루고서
최고바른 깨달음을 온전하게 이룹니다.

六. 曼殊室利 發願
육 만수실리 발원

①

爾時 曼殊室利童子白佛言 世尊 我
이시 만수실리동자백불언 세존 아

當誓於 像法轉時 以種種方便 令諸
당서어 상법전시 이종종방편 영제

淨信 善男子善女人等 得聞世尊 藥
정신 선남자선여인등 득문세존 약

師琉璃光如來名號.
사유리광여래명호

②

乃至睡中 亦以佛名 覺悟其耳.
내지수중 역이불명 각오기이

③

世尊 若於此經 受持讀誦 或復爲他
세존 약어차경 수지독송 혹부위타

演說開示 若自書 若教人書 恭敬尊
연설개시 약자서 약교인서 공경존

重.
중

6장 문수동자의 발원

①

거룩하신 부처님~ 거룩하신 부처님~
상법시대 믿음청정 선남자와 선여인께
정성다해 가지가지 온갖방편 다하여서
약사여래 부처명호 들려드리 겠습니다.

②

잠결에도 약사여래 부처님을 잊지않고
염송토록 귀에계속 각오시키 겠습니다.

③

거룩하신 부처님~ 이경전을 독송하며
다른중생 위하여서 이경전을 설해주고
직접쓰고 다른사람 시켜쓰는 사람들은
공경하고 존중하며 항상받들 겠습니다.

④

以種種花香 塗香秣香燒香 花鬘瓔
이 종 종 화 향　도 향 말 향 소 향　화 만 영

珞 幡蓋伎樂 而爲供養
락　번 개 기 악　이 위 공 양

⑤

以五色綵 作囊盛之 掃灑淨處 敷設
이 오 색 채　작 낭 성 지　소 쇄 정 처　부 설

高座 而用安處 爾時 四大天王 與其
고 좌　이 용 안 처　이 시　사 대 천 왕　여 기

眷屬 及餘無量百千天眾 皆詣其所
권 속　급 여 무 량 백 천 천 중　개 예 기 소

供養守護.
공 양 수 호

⑥

世尊 若此經寶 流行之處 有能受持
세 존　약 차 경 보　유 행 지 처　유 능 수 지

以彼世尊 藥師琉璃光如來 本願功
이 피 세 존　약 사 유 리 광 여 래　본 원 공

德 及聞名號 當知是處 無復橫死 亦
덕　급 문 명 호　당 지 시 처　무 부 횡 사　역

復不爲諸惡鬼神 奪其精氣.
부 불 위 제 악 귀 신　탈 기 정 기

④

가지가지 꽃향기와 바르는향 가루향과

태우는향 꽃다발과 목걸이와 번과양산

춤과노래 빠짐없이 공양올리 겠습니다.

⑤

이경전을 오색비단 주머니에 간직하여

깨끗하고 정결하며 높은자리 모셔두면

사천왕과 권속들과 한량없는 하느님이

함께와서 공양하고 지켜드릴 것입니다.

⑥

거룩하신 부처님~ 거룩하신 부처님~

보배로운 이경전을 널리널리 전해주고

약~사~ 유리광~ 여~래~ 부처님의

본원공덕 명호염송 하는곳엔 횡사없고

악귀에게 정기아니 뺏기게할 것입니다.

⑦

設已奪者 還得如故 身心安樂.
설 이 탈 자 환 득 여 고 신 심 안 락

七. 祈禱 功德
칠 기 도 공 덕

①

佛告 曼殊室利 如是如是 如汝所說.
불 고 만 수 실 리 여 시 여 시 여 여 소 설

②

曼殊室利 若有淨信 善男子善女人
만 수 실 리 약 유 정 신 선 남 자 선 여 인

等 欲供養 彼世尊藥師琉璃光如來
등 욕 공 양 피 세 존 약 사 유 리 광 여 래

者 應先造立 彼佛形像 敷清淨座 而
자 응 선 조 립 피 불 형 상 부 청 정 좌 이

安處之.
안 처 지

③

散種種花 燒種種香 以種種幢幡 莊
산 종 종 화 소 종 종 향 이 종 종 당 번 장

68

⑦

이미뺏긴 경우에도 뺏긴정기 회복시켜
몸과마음 안락하게 하여드릴 것입니다.

7장 기도 공덕

①

문수사리 동자님~ 참으로~ 옳습니다
동자님의 말씀모두 참으로~ 옳습니다.

②

믿는마음 청정하여 약사여래 부처님께
공경공양 하려하는 선남자와 선여인은
약사여래 부처님의 형상먼저 조성하고
깨끗하고 청정한곳 안정되게 모시세요.

③

꽃과향기 당기번기 그자리를 꾸미고서

嚴其處 七日七夜 受持八分齋戒 食
엄 기 처　칠 일 칠 야　수 지 팔 분 재 계　식

清淨食 澡浴香潔 着新淨衣.
청 정 식　조 욕 향 결　착 신 정 의

④

應生無垢濁心 無怒害心 於一切有
응 생 무 구 탁 심　무 노 해 심　어 일 체 유

情 起利益安樂.
정　기 이 익 안 락

⑤

慈悲喜捨 平等之心 鼓樂歌讚 右遶
자 비 희 사　평 등 지 심　고 악 가 찬　우 요

佛像 復應念彼 如來本願功德 讀誦
불 상　부 응 념 피　여 래 본 원 공 덕　독 송

此經 思惟其義 演說開示 隨所樂願
차 경　사 유 기 의　연 설 개 시　수 소 락 원

一切皆遂
일 체 개 수

칠일동안 밤낮으로 팔분재계 잘지키고
청정음식 가려먹고 향기롭게 목욕하고
깨끗하고 정갈한옷 갈아입게 하십시오.
④
혼탁함과 더러움과 상해성냄 버리고서
모든중생 안락하게 격려토록 하십시오.
⑤
기쁨주고 고통소멸 축하하고 감사하는
자비희사 평등지심 진심으로 찬탄하고
부처님을 시계방향 돌고돌고 또돌면서
약사여래 부처님의 큰발원을 염송하고
이경전의 뜻을깊이 새기면서 독송하고
다른사람 위하여서 이경전을 설법하면
바라는것 빠짐없이 모두이루 어집니다.

⑥

求長壽得長壽 求富饒得富饒 求官
구 장 수 득 장 수　구 부 요 득 부 요　구 관

位得官位 求男女得男女
위 득 관 위　구 남 녀 득 남 녀

⑦

若復有人 忽得惡夢 見諸惡相 或怪
약 부 유 인　홀 득 악 몽　견 제 악 상　혹 괴

鳥來集 或於住處 百怪出現 此人 若
조 래 집　혹 어 주 처　백 괴 출 현　차 인　약

以衆妙資具 恭敬供養 彼世尊 藥師
이 중 묘 자 구　공 경 공 양　피 세 존　약 사

琉璃光如來者 惡夢惡相 諸不吉祥
유 리 광 여 래 자　악 몽 악 상　제 불 길 상

皆悉隱沒 不能爲患.
개 실 은 몰　불 능 위 환

⑧

或有水火 刀毒懸嶮 惡象師子 虎狼
혹 유 수 화　도 독 현 험　악 상 사 자　호 랑

熊羆 毒蛇惡蠍 蜈蚣蚰延 蚊虻等怖
웅 비　독 사 악 헐　오 공 유 연　문 맹 등 포

若能至心 憶念彼佛 恭敬供養 一切
약 능 지 심　억 념 피 불　공 경 공 양　일 체

⑥

장수하길 소원하면 소원대로 장수하고

부자되길 소원하면 소원대로 부자되고

벼슬하길 소원하면 소원대로 벼슬하고

아들딸을 소원하면 아들딸을 얻습니다.

⑦

악몽꾸고 궂은형상 괴물괴조 나타날때

약~사~ 유리광~ 여~래~ 부처님께

여러좋은 공양물을 공경스레 공양하면

악몽속의 궂은형상 상서롭지 못한것들

빠짐없이 없어져서 괴롭히지 못합니다.

⑧

수재화재 칼과독약 사나운~ 코끼리와

사자여우 호랑이~ 곰과독사 전갈지네

그리마~ 모기등에 같은것이 두려울때

怖畏 皆得解脫.
포 외　개 득 해 탈

⑨

若他國侵擾 盜賊反亂 憶念恭敬 彼
약 타 국 침 요　도 적 반 란　억 념 공 경　피

如來者 亦皆解脫.
여 래 자　역 개 해 탈

⑩

復次 曼殊室利 若有淨信 善男子善
부 차　만 수 실 리　약 유 정 신　선 남 자 선

女人等 乃至盡形 不事餘天 惟當一
여 인 등　내 지 진 형　불 사 여 천　유 당 일

心 歸佛法僧 受持禁戒 若五戒十戒
심　귀 불 법 승　수 지 금 계　약 오 계 십 계

菩薩四百戒 苾芻二百五十戒 苾蒭
보 살 사 백 계　필 추 이 백 오 십 계　필 추

尼五百戒 於所受中 或有毀犯 怖墮
니 오 백 계　어 소 수 중　혹 유 훼 범　포 타

惡趣 若能專念 彼佛名號 恭敬供養
악 취　약 능 전 념　피 불 명 호　공 경 공 양

者 必定不受 三惡趣生.
자　필 정 불 수　삼 악 취 생

약사여래 부처님께 공경스레 공양하면
모든공포 벗어나고 평온함을 누립니다.
⑨
외국침범 당하거나 도적반란 있을때도
약사여래 부처님께 공경스레 공양하면
모든것을 벗어나고 평온함을 누립니다.
⑩
문수사리 동자님~ 문수사리 동자님~
깨끗하고 맑은믿음 선남자와 선여인은
하느님신 신앙않고 목숨다할 그날까지
삼보님께 귀의하여 오계받고 십계받고
보리살타 사백계와 남자스님 이백오십
여자스님 오백계등 부처님의 계율받아
받은계율 잘지키다 어찌하여 범하여서
삼악도에 떨어질까 걱정하던 중생들도

⑪

或有女人 臨當產時 受於極苦 若能
혹 유 여 인　임 당 산 시　수 어 극 고　약 능

至心 稱名禮讚 恭敬供養 彼如來者
지 심　칭 명 예 찬　공 경 공 양　피 여 래 자

衆苦皆除.
중 고 개 제

⑫

所生之子 身分具足 形色端正 見者
소 생 지 자　신 분 구 족　형 색 단 정　견 자

歡喜.
환 희

⑬

利根聰明 安隱少病 無有非人 奪其
이 근 총 명　안 은 소 병　무 유 비 인　탈 기

精氣.
정 기

약사여래 부처님께 공경스레 공양하면
절대로~ 삼악도에 떨어지지 않습니다.
⑪
선여인이 해산하며 심한고통 겪을때도
약사여래 부처님을 예찬공경 공양하면
모든고통 사라지고 평온함을 누립니다.
⑫
애기들은 품위있고 몸부위가 온전하며
이목구비 단정하여 보는중생 기쁩니다.
⑬
감각이잘 발달되어 총명평온 차분하며
악귀들에 정기절대 뺏기는일 없습니다.

八. 阿難 爲信
팔 아 난 위 신

①

爾時 世尊告阿難言 如我稱揚 彼佛
이 시 세존고아난언 여아칭양 피불

世尊 藥師琉璃光如來 所有功德 此
세존 약사유리광여래 소유공덕 차

是諸佛 甚深行處 難可解了 汝爲信
시제불 심심행처 난가해료 여위신

不?
부

②

阿難白言 大德世尊 我於如來 所說
아난백언 대덕세존 아어여래 소설

契經 不生疑惑 所以者何 一切如來
계경 불생의혹 소이자하 일체여래

身語意業 無不淸淨.
신어의업 무불청정

③

世尊 此日月輪 可令墮落 妙高山王
세존 차일월륜 가령타락 묘고산왕

8장 아난의 믿음

①

부처님이 아난에게 말씀하시 었습니다.
아~난~ 존자님~ 아~난~ 존자님~
약사여래 부처님을 염송하는 공덕들이
이해할수 없을만큼 매우매우 크다라는
여래말을 존자님은 진정으로 믿습니까?

②

아난존자 부처님께 말씀드리 셨습니다.
거룩하신 부처님~ 거룩하신 부처님~
부처님의 말씀전혀 의심하지 않습니다.
부처님의 행동이나 말씀이나 마음에는
청정하지 않은것이 조금도~ 없습니다.

③

거룩하신 부처님~ 거룩하신 부처님~

可使傾動 諸佛所言 無有異也.
가 사 경 동 제 불 소 언 무 유 이 야

④

世尊 有諸衆生 信根不具 聞說諸佛
세 존 유 제 중 생 신 근 불 구 문 설 제 불

甚深行處 作是思惟 云何但念 藥師
심 심 행 처 작 시 사 유 운 하 단 념 약 사

琉璃光如來一佛名號 便獲爾所 功
유 리 광 여 래 일 불 명 호 편 획 이 소 공

德勝利 由此不信 反生誹謗 彼於長
덕 승 리 유 차 불 신 반 생 비 방 피 어 장

夜 失大利樂 墮諸惡趣 流轉無窮.
야 실 대 이 락 타 제 악 취 유 전 무 궁

⑤

佛告 阿難 是諸有情 若聞世尊 藥師
불 고 아 난 시 제 유 정 약 문 세 존 약 사

琉璃光如來名號 至心受持 不生疑
유 리 광 여 래 명 호 지 심 수 지 불 생 의

惑 墮惡趣者 無有是處
혹 타 악 취 자 무 유 시 처

해와달이 떨어지고 수미산이 기울어도
부처님의 말씀들은 틀릴수가 없습니다.
④
거룩하신 부처님~ 믿음얕은 중생들은
약사여래 부처님의 깊은공덕 듣고서도
한부처님 공덕이익 그렇게도 훌륭한가
의심할수 있지마는 믿지않고 비방하면
오랜세월 이로움과 즐거움을 잃습니다
삼악도에 떨어져서 많은고통 겪습니다.
⑤
아~난~ 존자님~ 아~난~ 존자님~
약사여래 부처님을 의심하지 아니하고
온마음과 온몸으로 염송하는 중생들은
지옥아귀 축생도에 떨어지지 않습니다.

⑥

阿難 此是諸佛 甚深所行 難可信解
아 난　차 시 제 불　심 심 소 행　난 가 신 해

汝今能受 當知 皆是如來威力.
여 금 능 수　당 지　개 시 여 래 위 력

⑦

阿難 一切聲聞獨覺 及未登地 諸菩
아 난　일 체 성 문 독 각　급 미 등 지　제 보

薩等 皆悉不能 如實信解 惟除一生
살 등　개 실 불 능　여 실 신 해　유 제 일 생

所繫菩薩.
소 계 보 살

⑧

阿難 人身難得 於三寶中 信敬尊重
아 난　인 신 난 득　어 삼 보 중　신 경 존 중

亦難可得 得聞世尊 藥師琉璃光如
역 난 가 득　득 문 세 존　약 사 유 리 광 여

來名號 復難於是.
래 명 호　부 난 어 시

⑥

아~난~ 존자님~ 아~난~ 존자님~
약사여래 부처님을 받아지닌 공덕들이
믿을수가 없을만큼 매우매우 깊은데도
약사여래 부처님의 위신력의 도움으로
존자님이 믿고받아 지닐수가 있습니다.

⑦

약사여래 부처님의 위신력의 도움없인
성문이나 연각들은 말할필요 조차없고
미등각지 보살들도 지닐수가 없습니다.
일생보처 보살만이 지닐수가 있습니다.

⑧

아~난~ 존자님~ 아~난~ 존자님~
인간으로 태어나긴 참으로~ 힘듭니다.
삼보믿고 받들기는 더더욱~ 힘듭니다.

⑨

阿難 彼藥師琉璃光如來 無量菩薩
아 난 피 약 사 유 리 광 여 래 무 량 보 살

行 無量善巧方便 無量廣大願 我若
행 무 량 선 교 방 편 무 량 광 대 원 아 약

一劫 若一劫餘 而廣說者 劫可速盡.
일 겁 약 일 겁 여 이 광 설 자 겁 가 속 진

⑩

彼佛行願 善巧方便 無有盡也.
피 불 행 원 선 교 방 편 무 유 진 야

약~사~ 유리광~ 여~래~ 부처님께
공경공양 염송하긴 더욱더욱 힘듭니다.
⑨
아~난~ 존자님~ 아~난~ 존자님~
약~사~ 유리광~ 여~래~ 부처님의
한량없는 보살행과 한량없이 좋은방편
한량없이 큰발원은 한겁동안 말을하고
또한겁을 더말해도 다말하지 못합니다.
⑩
약~사~ 유리광~ 여~래~ 부처님의
발원방편 참으로~ 훌륭하고 좋습니다.

九. 罪報 及 懺悔
구 죄보급 참회

①

爾時 衆中 有一菩薩摩訶薩 名曰救
이시 중중 유일보살마하살 명왈구

脫 即從座起 偏袒右肩 右膝着地 曲
탈 즉종좌기 편단우견 우슬착지 곡

躬合掌 而白佛言.
궁합장 이백불언

②

大德世尊 像法轉時 有諸衆生 爲種
대덕세존 상법전시 유제중생 위종

種患之所困厄.
종환지소곤액

③

長病羸瘦 不能飲食 喉脣乾燥.
장병리수 불능음식 후순건조

④

見諸方暗 死相現前 父母親屬 朋友
견제방암 사상현전 부모친속 붕우

知識 啼泣圍遶.
지식 제읍위요

9장 죄보와 참회

①
구~탈~ 보살님이 자리에서 일어나서
오른어깨 드러내고 오른무릎 땅에끓고
합장하고 부처님께 말씀드리 셨습니다.

②
거룩하신 부처님~ 상법시대 중생들은
가지가지 질환들에 시달리고 있습니다.

③
너무오래 앓고있어 파리하고 야위어서
목구멍과 입술말라 음식먹지 못합니다.

④
모든곳이 깜깜하고 죽은사람 보입니다.
부모님과 친지들과 권속들과 친구등의
지인들이 슬피울며 둘러앉아 있습니다.

⑤

然彼自身 臥在本處 見琰魔使 引其
연 피 자 신　와 재 본 처　견 염 마 사　인 기

神識 至于 琰魔法王之前 然諸有情
신 식　지 우 염 마 법 왕 지 전　연 제 유 정

有俱生神 隨其所作 若罪若福 皆具
유 구 생 신　수 기 소 작　약 죄 약 복　개 구

書之 盡持授與 琰魔法王.
서 지　진 지 수 여　염 마 법 왕

⑥

爾時 彼王推問其人 算計所作 隨其
이 시　피 왕 추 문 기 인　산 계 소 작　수 기

罪福 而處斷之.
죄 복　이 처 단 지

⑦

時彼病人 親屬知識 若能爲彼 歸依
시 피 병 인　친 속 지 식　약 능 위 피　귀 의

世尊 藥師琉璃光如來 請諸衆僧 轉
세 존　약 사 유 리 광 여 래　청 제 중 승　전

讀此經 然七層之燈 懸五色續命神
독 차 경　연 칠 층 지 등　현 오 색 속 명 신

幡 或有是處 彼識得還 如在夢中 明
번　혹 유 시 처　피 식 득 환　여 재 몽 중　명

⑤

자리에~ 누워있는 상법시대 중생에게
저승사자 다가와서 신식을~ 끌어내어
염라대왕 처소가면 기록집사 구생신이
죄와복을 빠짐없이 대왕에게 아룁니다.

⑥

염라대왕 개개행동 빠짐없이 계산하여
죄와복의 경중따라 갈길결정 해줍니다.

⑦

죽은사람 위하여서 권속이나 친지들이
약~사~ 유리광~ 부처님께 귀의하고
스님들을 초청하여 이경전을 독송하며
칠층오색 등밝히고 명줄도을 번을걸면
죽은사람 살아오고 신식바로 돌아오며
꿈꾼사람 꿈의내용 회상하듯 다봅니다.

了自見.
료 자 견

⑧

或經七日 或二十一日 或三十五日
혹 경 칠 일 혹 이 십 일 일 혹 삼 십 오 일

或四十九日 彼識還時 如從夢覺 皆
혹 사 십 구 일 피 식 환 시 여 종 몽 교 개

自憶知 善不善業 所得果報.
자 억 지 선 불 선 업 소 득 과 보

⑨

由自證見 業果報故 乃至命難 亦不
유 자 증 견 업 과 보 고 내 지 명 난 역 부

造作 諸惡之業.
조 작 제 악 지 업

⑩

是故 淨信善男子善女人等 皆應受
시 고 정 신 선 남 자 선 여 인 등 개 응 수

持 藥師琉璃光如來名號 隨力所能
지 약 사 유 리 광 여 래 명 호 수 력 소 능

恭敬供養.
공 경 공 양

⑧

칠일이나 이십일일 삼십오일 사십구일
꿈을꾸다 깨어나서 본래정신 돌아온듯
착한과보 나쁜과보 생생하게 다봅니다.

⑨

업에따른 과보들을 생생하게 보았기에
목숨다할 그때까지 나쁜행동 않습니다.

⑩

이리하여 믿음청정 선남자와 선여인은
약~사~ 유리광~ 여~래~ 부처님께
온힘다해 공경스레 공양하는 것입니다.

十. 藥師如來 祈禱法
십 약사여래 기도법

①

爾時 阿難問救脫菩薩曰 善男子 應
이시 아난문구탈보살왈 선남자 응

云何 恭敬供養 彼世尊 藥師琉璃光
운하 공경공양 피세존 약사유리광

如來 續命幡燈 復云何造.
여래 속명번등 부운하조

②

救脫菩薩言 大德 若有病人 欲脫病
구탈보살언 대덕 약유병인 욕탈병

苦 當爲其人 七日七夜 受持八分齋
고 당위기인 칠일칠야 수지팔분재

戒 應以飮食 及餘資具 隨力所辦 供
계 응이음식 급여자구 수력소판 공

養苾蒭僧
양 필추승

10장 약사여래 기도법

①

아~난~ 존자님이 말씀드리 셨습니다.

구~탈~ 보살님~ 구~탈~ 보살님~

약~사~ 유리광~ 여~래~ 부처님께

공경공양 하려하면 어찌해야 하옵니까?

명줄도을 번과등불 어찌제조 하옵니까?

②

구~탈~ 보살님이 말씀드리 셨습니다.

아~난~ 존자님~ 아~난~ 존자님~

병고에서 벗어나려 하는사람 위하여서

칠일동안 밤낮으로 팔분재계 잘지키고

음식등의 공양물을 성심성의 준비하여

청정하신 스님들께 공양토록 하십시오.

③

晝夜六時 禮拜供養 彼世尊藥師琉
주 야 육 시 예 배 공 양 피 세 존 약 사 유

璃光如來 讀誦此經 四十九遍 然
리 광 여 래 독 송 차 경 사 십 구 편 연

四十九燈 造彼如來形像七軀 一一
사 십 구 등 조 피 여 래 형 상 칠 구 일 일

像前 各置七燈 一一燈量 大如車輪
상 전 각 치 칠 등 일 일 등 량 대 여 거 륜

乃至四十九日 光明不絕.
내 지 사 십 구 일 광 명 부 절

④

造五色綵幡 長四十九搩手.
조 오 색 채 번 장 사 십 구 걸 수

⑤

應放雜類眾生 至四十九.
응 방 잡 류 중 생 지 사 십 구

⑥

可得過度 危厄之難 不爲諸橫 惡鬼
가 득 과 도 위 액 지 난 불 위 제 횡 악 귀

所持.
소 지

③

약~사~ 유리광~ 여~래~ 부처님께
밤낮으로 이십사시 예배하고 공양하며
이경전을 마흔아홉 사십구회 독송하고
마흔아홉 등을켜고 약사여래 부처님의
일곱형상 만들어서 각각일곱 등을켜되
등의크기 자동차의 바퀴만큼 크게하고
사십구일 동안계속 켜져있게 하십시오.

④

오색비단 마흔아홉 번기들을 만드세요.

⑤

마흔아홉 생명들을 방생하여 주십시오.

⑥

위험액난 벗어나고 악귀들이 피합니다.

十一. 國亂
십 일 국 난

①

復次阿難 若刹帝利 灌頂王等 灾難
부 차 아 난 약 찰 제 리 관 정 왕 등 재 난

起時 所謂人衆疾疫難 他國侵逼難
기 시 소 위 인 중 질 역 난 타 국 침 핍 난

自界叛逆難 星宿變怪難 日月薄蝕
자 계 반 역 난 성 수 변 괴 난 일 월 박 식

難 非時風雨難 過時不雨難.
난 비 시 풍 우 난 과 시 불 우 난

②

彼刹帝利 灌頂王等 爾時 應於一切
피 찰 제 리 관 정 왕 등 이 시 응 어 일 체

有情 起慈悲心 赦諸繫閉 依前所說
유 정 기 자 비 심 사 제 계 폐 의 전 소 설

供養之法 供養彼世尊 藥師琉璃光
공 양 지 법 공 양 피 세 존 약 사 유 리 광

如來.
여 래

11장 나라의 큰 재난

①

아~난~ 존자님~ 아~난~ 존자님~

찰제리나 관정왕도 재난들을 만납니다.

백성들이 전염병을 앓게되는 재~난~

딴나라가 침범하여 들어오는 재~난~

나라안에 반역폭동 일어나는 재~난~

별의괴변 일식월식 일어나는 재~난~

뜬금없이 장마가뭄 계속되는 재~난~

여러가지 재난들을 만날수가 있습니다.

②

이럴때엔 찰제리나 관정왕께 자비로써

감옥에서 고생하는 중생들을 사면하고,

약~사~ 유리광~ 여~래~ 부처님께

③

由此善根 及彼如來本願力故 令其
유 차 선 근　급 피 여 래 본 원 력 고　영 기

國界 即得安隱 風雨順時 穀稼成熟
국 계　즉 득 안 은　풍 우 순 시　곡 가 성 숙

一切有情 無病歡樂.
일 체 유 정　무 병 환 락

④

於其國中 無有 暴虐藥叉等神 惱有
어 기 국 중　무 유　포 학 약 차 등 신　뇌 유

情者 一切惡相 皆即隱沒 而刹帝利
정 자　일 체 악 상　개 즉 은 몰　이 찰 제 리

灌頂王等 壽命色力 無病自在 皆得
관 정 왕 등　수 명 색 력　무 병 자 재　개 득

增益.
증 익

⑤

阿難 若帝后妃主 儲君王子 大臣輔
아 난　약 제 후 비 주　저 군 왕 자　대 신 보

相 中宮采女 百官黎庶 爲病所苦 及
상　중 궁 채 녀　백 관 려 서　위 병 소 고　급

餘厄難 亦應造立 五色神旛 然燈續
여 액 난　역 응 조 립　오 색 신 번　연 등 속

법식대로 공경스레 공양토록 하십시오.
③
약사여래 부처님의 큰발원의 가피로써
온나라가 평온하고 비바람이 순조롭고
농사풍년 무병장수 안락함을 누립니다.
④
중생들을 괴롭히는 나라안의 포악야차
귀신들이 없어지고 나쁜형상 없어지며
찰제리나 관정왕은 무병장수 누립니다.
⑤
아~난~ 존자님~ 아~난~ 존자님~
남자황제 여자황제 세자왕자 대신장관
궁녀관리 백성들이 병고재난 만났을때
오색신번 세워놓고 등불밝게 켜놓으며
생명들을 방생하고 온갖색꽃 흩뿌리며

明 放諸生命 散雜色花 燒眾名香 病
명 방제생명 산잡색화 소중명향 병

得除愈 眾難解脫.
득 제유 중난해탈

十二. 非命橫死
십 이 비명횡사

①

爾時 阿難問救脫菩薩言 善男子 云
이시 아난문구탈보살언 선남자 운

何 已盡之命而可增益
하 이진지명이가증익

②

救脫菩薩言 大德 汝豈不聞 如來說
구탈보살언 대덕 여기불문 여래설

有 九橫死耶 是故勸造 續命幡燈 修
유 구횡사야 시고권조 속명번등 수

諸福德 以修福故 盡其壽命 不經苦
제복덕 이수복고 진기수명 불경고

患.
환

100

가지가지 좋은향을 지극정성 공양하면
병고재난 벗어나서 안락함을 누립니다.

12장 비명횡사

①

아~난~ 존자님이 말씀드리 셨습니다.

구~탈~ 보살님~ 수명다한 중생에게

이로움을 주려하면 어찌해야 하옵니까?

②

구~탈~ 보살님이 말씀드리 셨습니다.

아~난~ 존자님~ 아~난~ 존자님~

아홉가지 비명횡사 당한중생 만났을때

명줄도을 번과등을 만들어서 복닦으면

고통이나 환란에서 벗어날수 있다라는

③

阿難問言 九橫云何.
아 난 문 언 구 횡 운 하

④

救脫菩薩言 有諸有情 得病雖輕 然
구 탈 보 살 언 유 제 유 정 득 병 수 경 연

無醫藥 及看病者 設復遇醫 授以非
무 의 약 급 간 병 자 설 부 우 의 수 이 비

藥 實不應死 而便橫死 又信世間 邪
약 실 불 응 사 이 편 횡 사 우 신 세 간 사

魔外道 妖孽之師 妄說禍福 便生恐
마 외 도 요 얼 지 사 망 설 화 복 편 생 공

動 心不自正 卜問覓禍 殺種種眾生
동 심 부 자 정 복 문 멱 화 살 종 종 중 생

解奏神明 呼諸魍魎 請乞福祐 欲冀
해 주 신 명 호 제 망 량 청 걸 복 우 욕 기

延年 終不能得 愚癡迷惑 信邪倒見
연 년 종 불 능 득 우 치 미 혹 신 사 도 견

遂令橫死 入於地獄 無有出期 是名
수 령 횡 사 입 어 지 옥 무 유 출 기 시 명

初橫
초 횡

부처님의 말씀기억 하고있지 않습니까?

③

아~난~ 존자님이 말씀드리 셨습니다.

아홉가지 비명횡사 저희들을 위하여서

다시한번 자세하게 말씀하여 주십시오.

④

구~탈~ 보살님이 대답하시 었습니다.

제1 비명횡사

가벼운병 얻었으나 의사없고 약이없고

간병인을 못구하고 약을잘못 처방받아

안죽어도 되는데도 죽게되는 죽음이나

세간삿된 마구니나 요사스런 스승들이

화나복에 대하여서 망녕되이 지껄이는

말을믿고 겁에질려 자기마음 못가누고

점을치고 화를불러 생명들을 살해하여

二者 橫被王法之所誅戮
이 자 횡 피 왕 법 지 소 주 륙

三者 畋獵嬉戲 耽婬耆酒 放逸無度
삼 자 전 렵 희 희 탐 음 기 주 방 일 무 도

橫爲非人 奪其精氣
횡 위 비 인 탈 기 정 기

四者 橫爲火焚
사 자 횡 위 화 분

五者 橫爲水溺
오 자 횡 위 수 닉

벗어나게 해달라고 도깨비~ 같은것에
여러복을 청하면서 수명까지 늘리려고
온갖방편 다하지만 못이루는 죽음이나
어리석고 미혹하여 삿된소견 믿다죽어
지옥으로 가는죽음 비명횡사 라고하며,
제2 비명횡사
사형당해 죽는죽음 비명횡사 라고하며,
제3 비명횡사
사냥노름 주색으로 방탕하게 생활하다
정기뺏겨 죽는죽음 비명횡사 라고하며,
제4 비명횡사
불에타서 죽는죽음 비명횡사 라고하며,
제5 비명횡사
물에빠져 죽는죽음 비명횡사 라고하며,

六者 橫爲種種惡獸所噉
육 자 횡 위 종 종 악 수 소 담

七者 橫墮山崖
칠 자 횡 타 산 애

八者 橫爲毒藥 厭禱呪詛 起屍鬼等
팔 자 횡 위 독 약 염 도 주 저 기 시 귀 등

之所中害
지 소 중 해

九者 飢渴所困 不得飮食 而便橫死.
구 자 기 갈 소 곤 부 득 음 식 이 편 횡 사

⑤

是爲如來 略說橫死 有此九種 其餘
시 위 여 래 약 설 횡 사 유 차 구 종 기 여

復有 無量諸橫 難可具說.
부 유 무 량 제 횡 난 가 구 설

⑥

復次阿難 彼琰魔王 主領世間 名籍
부 차 아 난 피 염 마 왕 주 령 세 간 명 적

之記.
지 기

제6 비명횡사

잡아먹혀 죽는죽음 비명횡사 라고하며,

제7 비명횡사

떨어져서 죽는죽음 비명횡사 라고하며,

제8 비명횡사

독약이나 저주기도 귀신들의 해꼬지로

억을하게 죽는죽음 비명횡사 라고하며,

제9 비명횡사

음식없어 배고픔과 목마름에 시달이다

속절없이 죽는죽음 비명횡사 라고하며,

⑤

이것들을 아홉가지 비명횡사 라고하며,

이밖에도 한량없는 비명횡사 있습니다.

⑥

아~난~ 존자님~ 아~난~ 존자님~

若諸有情 不孝五逆 破辱三寶 壞君
약 제 유 정　불 효 오 역　파 욕 삼 보　괴 군

臣法 毀於信戒 琰魔法王 隨罪輕重
신 법　훼 어 신 계　염 마 법 왕　수 죄 경 중

考而罰之.
고 이 벌 지

⑧

是故 我今勸諸有情 然燈造幡 放生
시 고　아 금 권 제 유 정　연 등 조 번　방 생

修福 令度苦厄 不遭衆難.
수 복　영 도 고 액　부 조 중 난

十三. 藥叉大將 猛誓
십 삼　약 차 대 장　맹 서

①

爾時 衆中 有十二藥叉大將 俱在會
이 시　중 중　유 십 이 약 차 대 장　구 재 회

坐 所謂 宮毗羅大將 伐折羅大將 迷
좌　소 위　궁 비 라 대 장　벌 절 라 대 장　미

企羅大將 安底羅大將 頞你羅大將
기 라 대 장　안 저 라 대 장　알 이 라 대 장

염라대왕 중생명부 관장하고 있습니다.
⑦
효도하지 아니하고 오역죄를 저지르고
불법승을 비방하고 나랏법을 안지키고
계율들을 깨뜨리는 중생들은 빠짐없이
염라대왕 죄의경중 판단하여 벌합니다.
⑧
고통환란 벗어나게 도우려면 등불켜고
번세우고 방생하여 복닦도록 하십시오.

13장 야차대장들의 맹서

①
대중중엔 십이야차 대장들도 있었는데
꿍비라~ 대~장~ 와즈라~ 대~장~
미리라~ 대~장~ 안디라~ 대~장~

珊底羅大將 因達羅大將 波夷羅大
산 저 라 대 장　인 달 라 대 장　파 이 라 대

將 摩虎羅大將 真達羅大將 招杜羅
장　마 호 라 대 장　진 달 라 대 장　초 두 라

大將 毗羯羅大將 此十二藥叉大將
대 장　비 갈 라 대 장　차 십 이 약 차 대 장

一一各有七千藥叉 以爲眷屬 同時
일 일 각 유 칠 천 약 차　이 위 권 속　동 시

舉聲 白佛言.
거 성　백 불 언

②

世尊 我等今者 蒙佛威力 得聞世尊
세 존　아 등 금 자　몽 불 위 력　득 문 세 존

藥師琉璃光如來名號 不復更有 惡
약 사 유 리 광 여 래 명 호　불 부 갱 유　악

趣之怖.
취 지 포

③

我等相率 皆同一心 乃至盡形 歸佛
아 등 상 솔　개 동 일 심　내 지 진 형　귀 불

法僧 誓當荷負 一切有情 爲作義利
법 승　서 당 하 부　일 체 유 정　위 작 의 리

아닐라~ 대~장~   산딜라~ 대~장~
인드라~ 대~장~   빠즈라~ 대~장~
마꾸라~ 대~장~   씬두라~ 대~장~
까뚜라~ 대~장~   위까랄라 대장들이
이법회의 대중중에 같이자리 했습니다.
십이야차 대장들과 따라왔던 칠천씩의
야차들이 부처님께 말씀드리 셨습니다.
②
거룩하신 부처님~ 거룩하신 부처님~
저희들은 부처님의 위신력의 가피로써
약~사~ 유리광~ 여~래~ 부처님께
일심으로 공경스레 공양하게 되었으니
삼악도의 두려움은 안가지게 됐습니다.
③
서로서로 이끌어서 이목숨이 다하도록

饒益安樂.
요 익 안 락

④

隨於何等　村城國邑　空閑林中　若有
수 어 하 등　촌 성 국 읍　공 한 림 중　약 유

流布此經　或復受持　藥師琉璃光如
유 포 차 경　혹 부 수 지　약 사 유 리 광 여

來名號　恭敬供養者　我等眷屬　衛護
래 명 호　공 경 공 양 자　아 등 권 속　위 호

是人　皆使解脫　一切苦難　諸有願求
시 인　개 사 해 탈　일 체 고 난　제 유 원 구

悉令滿足.
실 령 만 족

⑤

或有疾厄　求度脫者　亦應讀誦此經
혹 유 질 액　구 도 탈 자　역 응 독 송 차 경

以五色縷　結我名字　得如願已　然後
이 오 색 루　결 아 명 자　득 여 원 이　연 후

解結.
해 결

⑥

爾時　世尊讚　諸藥叉大將言　善哉善
이 시　세 존 찬　제 약 차 대 장 언　선 재 선

부처님과 가르침과 불자님께 귀의하여
모든중생 즐겁도록 도와드리 겠습니다.
④
큰도시나 시골이나 깊은숲속 어느든지
이경전을 퍼뜨리며 약사여래 염송하면
모든고난 벗어나고 모든소원 이루도록
한중생도 빠짐없이 도와드리 겠습니다.
⑤
병고에서 벗어나길 소원하는 중생들이
저희들의 이름적어 오색실에 매어두고
이경전을 독송하면 소원들이 빠짐없이
모두모두 풀리도록 도와드리 겠습니다.
⑥
부처님이 야차들을 칭찬하시 었습니다.
야~차~ 대장이여 그렇게~ 하십시오.

哉 大藥叉將 汝等念報世尊 藥師琉
재 대약차장 여등념보세존 약사유

璃光如來 恩德者 常應如是 利益安
리광여래 은덕자 상응여시 이익안

樂 一切有情.
락 일체유정

十四. 流通分
십사 유통분

①

爾時 阿難白佛言 世尊 當何名此法
이시 아난백불언 세존 당하명차법

門 我等 云何奉持.
문 아등 운하봉지

②

佛告 阿難 此法門名 說藥師琉璃光
불고 아난 차법문명 설약사유리광

如來本願功德 亦名說十二神將饒
여래본원공덕 역명설십이신장요

益有情結願神呪 亦名拔除一切業障
익유정결원신주 역명발제일체업장

亦略說藥師經 應如是持.
역약설약사경 응여시지

약사여래 부처님의 은덕보답 하려거든
모든중생 안락하게 항상도와 주십시오.

14장 유통분

①

아난이~ 부처님께 말씀드리 셨습니다.
거룩하신 부처님~ 이경이름 무엇이며
어떻게~ 받들어~ 지니어야 하옵니까?

②

부처님이 존자님께 말씀하시 었습니다.
아~난~ 존자님~ 지금말씀 드린경은
'약~사~ 유리광~ 여래본원 공덕경~'
'십이신장 요익유정 결~원~ 신주경~'
'발제일체 업장경~' 이라이름 하십시오.

時 薄伽梵 說是語已 諸菩薩摩訶薩
시 박가범 설시어이 제보살마하살

及大聲聞 國王 大臣 婆羅門 居士
급 대성문 국왕 대신 바라문 거사

天 龍 藥叉 捷達縛 呵素洛 揭路茶
천 룡 약차 건달박 아소락 가로다

緊捺洛 莫呼洛伽 人非人等 一切大
긴 나락 막호락가 인비인등 일체대

衆 聞佛所說 皆大歡喜 信受奉行.
중 문불소설 개대환희 신수봉행

玄奘 漢文譯 藥師琉璃光如來本願功德經 終
현장 한문역 약사유리광여래본원공덕경 종

116

간략하게 약사경~ 이라이름 하십시오.

③

부처님이 이법문을 모두모두 마치시니
보살성문 국왕대신 바라문과 거사들과
하느님과 용과야차 건달바~ 아수라~
가루라~ 긴나라~ 마후라가 인비인이
부처님의 설법듣고 매우매우 기뻐하며
믿고지녀 받들어~ 행하기로 했습니다.

가사체 약사경 끝

藥師如來佛 精勤
약 사 여 래 불 정 근

東方滿月世界
동 방 만 월 세 계

十二上願
십 이 상 원

藥師琉璃光如來佛
약 사 유 리 광 여 래 불

藥師如來佛(여러번)
약 사 여 래 불

十二大願接群機
십 이 대 원 접 군 기

一片悲心無空缺
일 편 비 심 무 공 결

凡夫顚倒病根深
범 부 전 도 병 근 심

不遇藥師罪難滅
불 우 약 사 죄 난 멸

故我一心歸命頂禮
고 아 일 심 귀 명 정 례

약사여래 부처님 정근

동쪽하늘 떠오르는 보름달처럼
열두가지 큰발원을 모두이루신
약사여래 유리광불 염송합니다.

약사 여래불~(여러 번)

약사여래 중생고통 빠뜨리잖고
열두가지 대원으로 제도합니다.
범부들의 번뇌뿌리 깊디깊어도
약사여래 부처님은 고쳐줍니다.

약사여래 부처님께 일심귀의 하옵니다.

용어 해설

불교佛教　　나쁜행동 하나라도 않겠습니다.　諸惡莫作 제악막작
　　　　　　착한행동 빠짐없이 하겠습니다.　衆善奉行 중선봉행
　　　　　　깨끗하고 맑은마음 갖겠습니다.　自淨其意 자정기의
　　　　　　이세가지 일곱부처 불교입니다.　是諸佛教 시제불교
　　　　　　　　　　　　　　　　　　　　(대반열반경 범행품)

사경독송용에 꼭 필요한 용어에 대해서 최소한의 해설만을 제시합니다. 자세한
용어해설은 다른 자료를 참고하시기 바랍니다.

강가강: ①인도 현지에서는 강가강이라고 합니다. ②영어권에서는 갠지스 강이
　　라고 합니다. ③중국 한자어에 대해 중국인들은 강가강이라고 합니다. ④중국
　　한자어에 대해 한국에서는 '항하'라고 읽었습니다. 따라서 '강가강'이라고 하
　　는 것이 적절합니다.

관정왕灌頂王: 찰제리 중에서 '정식으로 대관식을 마친 왕'을 말합니다.

구생신俱生神: 사람이 태어날 때 함께 와서 사람의 양쪽 어깨 위에 있으면서 선악
　　행위를 적어두었다가 사람이 죽은 후에 염라대왕에게 일일이 보고하는 신이
　　며, 오른 어깨 위에는 동명신, 왼쪽 어깨위에는 동생신이 있습니다.

나찰羅刹: 땅이나 공중을 다니면서 사람을 잡아먹는 무서운 악귀를 말합니다.

대승大乘: 초기 불교를 소승小乘이라고 비하하면서 나타난 불교단체를 말합니다.
　　스스로 교리나 이상·목적이 크고 깊어서 바로 성불成佛에 이르게 하는 가르
　　침이라고 말합니다.

등각지等覺地: 바르고 원만한 부처님의 깨달음 혹은 부처님의 깨달음과 거의 같은 깨달음을 말합니다.

무간죄無間罪: 무간 지옥에 떨어질 중죄를 말합니다.

바라문婆羅門: 고대인도 사성계급 중에서 가장 높은 계급입니다. 제사와 교육을 담당하던 사제를 말합니다.

보살菩薩: 보리살으바 혹은 보리살타菩提薩埵의 준말입니다. 성불하기 위하여 수행에 힘쓰는 사람의 총칭으로 쓰이기도 하며, 넓은 의미로는 대승불교에 귀의한 사람 모두를 말하기고 합니다.

보시布施: 다른 사람에게 어떤 것을 베풀어 주는 것을 말합니다. 보시에는 재시, 법시, 무외시가 있습니다. 재시는 재물을 베풀어 주는 것을 말하고, 법시는 부처님의 법을 전해 주는 것을 말하고, 무외시는 두려움을 없애주는 것을 말합니다.

불퇴전不退轉: 수행으로 도달한 경지에서 다시는 범부의 상태로 후퇴하지 않음을 뜻합니다.

사천왕四天王: 주로 사왕천四王天의 왕을 말합니다. 1)지국천왕(동) 2)증장천왕(남) 3)광목천왕(서) 4)다문천왕(북).

삼보三寶: 참으로 귀한 보배 세 가지 즉 불佛·법法·승僧을 말합니다.

삼십이상三十二相: 부처님 몸에 갖춘 삼십이三十二 대인상大人相을 말합니다. 이 상相을 갖춘 이는 세속에 있으면 전륜왕轉輪王이 되고 출가하면 부처님이 된다고 합니다.

삼악도三惡道: 육도윤회 중에서 삼선도(하느님 인간 아수라)를 제외한 세 가지 나쁜 길(지옥 아귀 축생)을 말합니다.

삼취정계三聚淨戒: 삼취계라고도 하며, 대승 보살이 받아 지니는 세 가지 계율을 말합니다. 섭율의계 섭선법계 섭중생계를 말합니다.

상법시대像法時代: 부처님이 세상을 떠난 후 부처님의 가르침이 쇠퇴해 가는 과정을 크게 세 단계로 나누었습니다. 부처님의 가르침이 비교적 그대로 살아 있는 시기를 정법시대, 진리를 체득한 사람은 거의 없고 가르침만 전해지는 상법시대, 가르침마저도 희미해져 버리는 말법시대로 나누었습니다.

성문聲聞: 부처님의 가르침을 듣고 깨달음을 위해 수행하는 제자를 말합니다.

신식: 중생의 심식心識은 영묘靈妙하고 불가사의하다는 의미의 신식神識을 의미하는 경우도 있고, 안이비설신의라는 육근 각각에 식이 붙어 생기는 신식身識을 의미하는 경우도 있습니다.

십계十戒: 사미 사미니가 지키기로 맹서하는 열 가지 계를 말합니다. 오계에 향유를 바르지 않음, 가무를 하지 않음, 화려한 자리에 앉지 않음, 때가 아니면 먹지 않음, 금은보화를 지니지 않음 등이 추가됩니다.

십이야차대장十二夜叉大將: 약사여래부처님의 위신력을 받들어 불법佛法과 불법을 믿는 중생을 수호하는 열둘의 신장神將들을 말합니다..

아수라阿修羅: 원래는 장난을 좋아하는 신으로 등장하였습니다. 장난을 좋아하는 것을 싸우기를 좋아하는 것으로 오해하여 나쁜 귀신으로 생각하기도 합니다. 그러다가 이제는 무서운 귀신으로까지 인식되게 되었습니다.

아승기阿僧祇: 인도에서 사용하는 매우 큰 수數의 단위입니다. 범어로는 아승기인데 일부 불자님들께서 '아승지'라 하기도 합니다.

악도惡道: 악취惡趣라고도 합니다. 통상 지옥·아귀·축생의 삼악도를 말합니다.

야차夜叉: 원래 의미는 사람들을 괴롭히거나 해치는 귀신입니다. 팔부중八部衆의 하나입니다.

여래십별호如來十別號: 여래십호라고도 하며, ①응공 ②정등각 ③명행족 ④선서 ⑤세간해 ⑥무상사 ⑦조어장부 ⑧천인사 ⑨부처님 ⑩세존입니다. 호는 별호인데 일부 학자들이 여래를 ①로 하고 부처님– 세존을 붙여서 ⑩으로 하기도 합니다.

①응공應供: 온갖 번뇌를 다 끊어서 인간이나 하느님들로부터 공양을 받을만한 분이라는 뜻입니다.

②정등각 正等覺: 최고바른 깨달음을 이룬 분이라는 뜻입니다.

③명행족明行足: 명明은 숙명宿命·천안天眼·누진漏盡의 삼명三明을 뜻하고, 행行은 몸·입·뜻의 삼업三業을 뜻하고. 족足은 만족을 뜻합니다. 삼명과 삼업을 원만히 갖추었으므로 명행족이라 합니다.

④선서善逝: 생사生死의 피안에 가서 다시 생사의 바다에 빠지지 않을 분이라는 뜻입니다.

⑤세간해世間解: 일체 세간의 온갖 일을 다 아시는 분이라는 뜻입니다.

⑥무상사無上士: 너무너무 높아서 이 분보다 더 높은 분은 없는 분이라는 뜻입니다.

⑦조어장부調御丈夫: 조어사調御士라고도 합니다. 대자大慈·대비大悲·대지大智로써 중생에게 부드러운 말, 간절한 말, 또는 여러 가지 방편을 써서 조복제어調伏制御하는 분이라는 뜻입니다.

⑧천인사天人師: 하느님이나 인간의 스승이 될만한 분이라는 뜻입니다.

⑨부처님(佛): 모든 진리를 알고 있어서 어떤 경우에도 스승의 지위를 유지하시는 분이라는 뜻입니다.

⑩세존世尊: 세상에서 가장 존귀하신 분이라는 뜻입니다.

연각緣覺: 독각獨覺이라고도 합니다. 연기법까지 깨달았다는 의미도 있고, 부처님 없는 세상에 나서 스승 없이 혼자 깨달은 사람이라는 의미도 있습니다. .

염라대왕閻邏大王: 염라왕 염마왕 염왕으로도 부릅니다. 생전의 행적에 따라서 상과 벌을 주는 저승의 왕을 말합니다.

오계五戒: 불교입문자가 지키기로 약속하는 다섯 가지 사항을 말합니다. 살도음망주 않겠습니다라는 맹서를 말합니다.

오역죄五逆罪: 다섯 가지 중죄를 말합니다. 오역죄는 무간지옥에 떨어질 무거운 죄업이므로 오무간업이라고도 합니다. 여러 설이 있으나, 1)아버지 살해. 2)어머니 살해. 3)성인 살해. 4)화합한 승단을 깨뜨림. 5)부처님께 상해傷害를 입힌 죄를 말합니다.

육성취六成就: 부처님의 육하원칙을 말합니다. 육하원칙을 참고하십시오.

육하원칙 3가지

1) **교육부의 엉터리 육하원칙**: 우리는 학교에서 육하원칙을 배웠고 〈①누가, ②왜, ③언제, ④어디서, ⑤어떻게, ⑥무엇〉을 무조건 외웠습니다. 교육부에서 가르친 키플링의 육하원칙 중에서 둘은 사실(fact)이 아니며, 네 개만 사실(fact)입니다. 〈②왜?〉는 추측이며, 〈⑥무엇?〉은 공허한 것입니다. 프로이트 이후, 어느 누구도 행동의 이유를 말할 수 없게 되었습니다. 행동 이유의 90%이상이 무의식에 있다는 사실이 밝혀졌기 때문입니다. 행동 이유를 단정적으로 말하는 사람은 '현대 심리학을 전혀 모르는 무식용감한 사람이다'라고 할 수 있습니다. 달리기를 빨리 하였다, 빨리 달렸다라는 두 문장에서 어느 것이 '무엇'이고, 어느 것이 '어떻게' 입니까? 전체적으로 〈어떻게?〉라는 동작일 뿐입니다. 지금도 '무엇과 어떻게'가 별도의 사항이라고 주장하는 사람이 있다면, '현대 논리학을 전혀 모르는 무식용감한 사람이다'라고 할 수 있습니다.

2) **조현춘의 새천년 육하원칙**: 폭행 사건의 경우 폭행을 한 사람이 있다면 폭행을 당한 사람이 반드시 있을 것입니다. 교육의 경우, 교육을 하는 교사가 있다면, 교육을 받는 학생이 반드시 있을 것입니다. 기타 대중들도 있을 수 있습니다. 그래서 원칙적으로 〈②누구와〉라는 사항이 있어야 합니다. 또한 가장 중요한 것은 〈⑥누가 직접 보고들었는가?〉입니다. 보고자에 따라서 객관 사실이라는 것도 달라지는 경우가 많습니다. 부부싸움의 경우, 남편은 남편 자기에게 유리한 내용만을 기억하기도 하고, 거짓으로 말하기도 합니다. 정보가 이어지는 과정에서의 2차 보고자, 3차 보고자도 반드시 제시되어야 합니다.

따라서 제대로 된, 참된, 진정한 육하원칙은 ① 누가(主, who1), ②누구와(衆, with whom), ③언제(時, when), ④어디서(處, where), ⑤어떻게 하는 것을(信, how), ⑥누가 직접 보고 들었는가(聞, who heard and saw): 5W 1H입니다. 제가 1993년경부터 강력하게 주장하던 내용입니다. 조현춘의 육하원칙, 과학적 육하원칙, 심리학적 육하원칙, 새천년 육하원칙 등 가장 설득력 있는 이름을 찾기 위해 노력하였습니다. 20년 동안 누구도 부처님의 육하원칙, 육성취로 저의 오만방자함을 지적하지 않았습니다.

3) **부처님의 육하원칙**: 불교경전은 원칙적으로 첫 머리에 〈육성취 즉 부처님의 육하원칙〉이 확립되어 있어야 합니다. 부처님의 육하원칙은 언어에 따라 순서가 달라질 수 있습니다.

첫째, 부처님의 육하원칙의 우리말 순서는 다음과 같습니다. ①누가(主, who), ②누구와(衆, with whom), ③언제(時, when), ④어디서(處, where), ⑤어떻게 하는 것을(信, how), ⑥누가 직접 보고 들었는가(聞, who heard and saw): 5W 1H입니다. 대표적 불교경전의 하나인 금강경의 경우, 부처님의 육하원칙은 다음과 같습니다.

   ①부처님이　②일천이백　　오십명의　　스님들과
      많디많은　　보살들과　③어느날~　④사위국의
      기원정사　　계시면서　⑤다음같이　　하시는걸
   ⑥제가직접　　들었으며　　제가직접　　봤습니다.

둘째, 부처님의 육하원칙의 한문 순서는 다음과 같습니다. ⑤信(how), ⑥聞(who heard and saw), ③時(when), ①主(who), ④處(where), ②衆(with whom): 5W 1H입니다. ⑤如是 ⑥我聞 ③一時 ①佛 ④在舍衛國 祇樹給孤獨園 ②與大比丘衆千二百五十人俱 及 大菩薩衆

셋째, 부처님의 육하원칙의 영어 순서는 다음과 같습니다. ③時(when), ⑥聞(who heard and saw), ①主(who), ④處(where), ②衆(with whom), ⑤信(how): 5W 1H입니다. ③One day, ⑥I heard and saw what ①the Buddha did ④at the Jeta-Anathapindika park in Sravasti ②with 1250 monks and a great company of bodhi-sattvas: ⑤it preceeded as follows.

언해본에서 시작하여, 백용성, 백성욱, 탄허, 심지어 틱낫한에서까지 육하원칙은 한 문장에 나란히 있었습니다. 그러나 육성취의 개념이 없는

Conze의 영어 금강경에서는 육성취의 목을 잘라버렸습니다. Conze를 좋아하는 우리나라 불교 경전 번역가들이 Conze를 따라 육성취의 목을 잘라버린 것에 대해서는 조금, 아주 조금의 섭섭함과 안타까움도 느낍니다.

인비인人非人: 인간과 같은 측면도 있으나 인간이 아닌 존재를 말합니다. 통상 팔부신중을 말합니다.

일생보처一生補處: 다음 생에 바로 부처가 될 후보자라는 말입니다. 일생一生만 지내면 바로 성불하게 되므로 일생보처一生補處라고 합니다.

정법안장正法眼藏: 모든 것을 꿰뚫어보고 모든 것을 간직하는 깨달음 즉 스스로 체득한 깨달음을 말합니다.

찰제리刹帝利: 고대인도 사회의 사성계급 중 둘째 계급을 말합니다. 전쟁에 종사하고 관리가 되어 나라를 다스리는 계급이며 왕이 될 수 있으므로 왕족이라고도 합니다.

팔부신중八部神衆: 팔부중 천룡팔부라고도 하며, 하느님·용·야차·건달바·아수라·가루라·긴나라·마후라가 인비인을 말합니다.

팔분재계八分齋戒: 팔재계라고도 하며, 재가자가 육재일 등에 지키는 여덟 가지 계율을 말합니다. 오계 즉『1) 산 목숨을 죽이지 않겠습니다. 2) 훔치지 않겠습니다. 3.음행하지 않겠습니다. 4.거짓말 하지 않겠습니다. 5.술 마시지 않겠습니다.』에 세 가지 즉『 6) 꽃다발로 몸을 꾸미거나 향 바르고 노래하고 춤추지 않고, 가서 구경 하지도 않겠습니다. 7) 높고 넓은 큰 잘 꾸민 평상에 앉거나 눕지 않겠습니다. 8) 때 아닌 적에 먹지 않겠습니다.』등이 추가됩니다.

팔십종호八十種好: 팔십수형호八十隨形好라고도 합니다. 부처님의 몸에 갖추어진 미묘한 표상입니다. 삼십이상에 따르는 팔십종의 잘생긴 모양 즉 삼십이상을 다시 세밀하게 나누어 놓은 것입니다.

합장合掌: 두 손바닥을 마주하여 가슴 앞에 두는 행동을 말합니다. 모든 종교에서 가장 거룩한 행동으로 간주합니다. 그런데 불교에서는 일반 사람에 대해서도 합장을 합니다.

편집 후기

서울대학교 이장호 교수님의 권유로 '서양의 한계를 극복하고 동서양 통합 상담 심리학을 세우기 위해' 이동식 선생님 교실에서 김종서, 이종익 선생님들과 금강경 공부를 시작하였습니다.

금강경을 독송하던 중, '근원도 알 수 없는, 저 자신의 저 깊고 깊은 곳에서 생명의 빛이 흘러나오는 것'을 발견했습니다. '저와 모든 생명이 함께 하는 빛, 생명의 빛'이 저의 깊은 곳에서 나오고 있었습니다. 내면의 빛뿐만 아니라, 날씨와는 무관하게 밖에서 불어오는 법풍(法風, 진리의 바람)도 저의 몸과 마음을 시원하게 해 주고 있습니다. 많은 분들의 은혜로 경전 출간까지 하게 되었습니다.

첫째, 무비스님께서는 '천진난만하시며(?), 대자대비에도 걸리지 않으시는, 살아계시는 대 성현의 모습'으로 참으로 자상한 가르침을 베풀어 주셨습니다. 공역자의 자리에까지 내려와 주셔서 황송하고 황망할 뿐입니다. 참으로 고맙습니다.

둘째, 20년 넘는 세월 동안 매주 원고를 교정해주고 가르쳐 주신 두 분 선배님 (안형관 선배님과 강수균 선배님)을 비롯한 화화회 회원님들(강태진, 김정옥, 김정자 선생님)에게 고마운 마음을 전합니다. 화화회에서 같이 했던 수많은 회원님들에게도 깊은 감사를 드립니다. 불교에 관해서 참으로 해박한 지식을 가지고 계시면서 가려운 곳을 긁어주고 모자라는 곳을 채워준 김남경 교수님께도 심심한 감사를 드립니다.

셋째, 눈이 되어주고 귀가 되어주고 손발이 되어주신 보리행 박혜정 보살님, 수선행 이수진 보살, 해광 조재형 거사에게도 고마운 마음을 전합니다.

넷째, 출간을 허락해 준 도서출판 운주사 김시열 사장님과 임직원님들께도 감사를 드립니다. 출판과 관련하여 '필자의 이런 저런 까다로운 요구'를 다 견뎌주고 협조해 주셨습니다.

마지막으로, 불교계의 어려운 출판 사정을 고려하여 출판에 많은 도움을 주신 동참회원님들께도 심심한 감사의 마음을 전합니다. 108동참회원님들과 많은 동참회원님들의 동참으로 수월하게 출간할 수 있었습니다. 이 인연 공덕으로 부처님의 무량 복을 누리시고, 속히 성불하옵소서.

경전 공양 108동참회

1) 도일스님	12) 조재형	23) 이순랑법사	34) 마가스님
2) 수보리스님	13) 이수진	24) 김남경	35) 이종선
3) 남봉연	14) 조성흠	25) 해원보살	36) 박은희
4) 이진우	15) 조성윤	26) 오일수	37) 한지민
5) 민경희	16) 서울독송회	27) 유명애	38) 보명법사
6) 안형관	17) 대구독송회	28) 권준모	39) 김형일
7) 강수균	18) KBS독송회	29) 방애자	40) 장충효
8) 강태진	19) 청안사	30) 정인숙	41) 도윤희
9) 김정옥	20) 미/정각사	31) 세심화	42) 김임용
10) 김정자	21) 송불암	32) 정혜거사	
11) 박혜정	22) 북대암	33) 고/대원화	

법보시 동참 계좌

신한은행 110-354-890749 조현춘(가사체금강경독송회)

이 통장으로 입금되는 보시금은 전액 '지정법당·군법당·병원법당·교도소·불교학생회 등에의 법보시, 불교기관에의 보시'로만 사용합니다. 고맙습니다. 참으로 고맙습니다.

가사체 금강경 독송회

대심 조현춘 010-9512-5202 합장

◉ **무비無比 큰스님** (전 조계종 교육원장)은

부산 범어사에서 여환스님을 은사로 출가. 해인사 강원 졸업. 해인사·통도사 등 여러 선원에서 10여 년 동안 안거. 오대산 월정사에서 탄허스님을 모시고 경전을 공부한 후 '탄허스님의 법맥을 이은 대강백'으로 통도사·범어사 강주, 조계종 승가대학원·동국역경원 원장 역임. 지금은 범어사 화엄전에 주석하시면서 후학을 지도하며 많은 집필활동과 더불어 전국 각지의 법회에서 불자들의 마음 문을 열어주고 있습니다.
(다음 까페: 염화실)

◉ **대심大心 조현춘** (가사체 금강경 독송회)은

서울대학교 이장호 지도교수님의 권유로 '동서양 통합 상담심리학'을 세우기 위해 금강경 공부 시작. 30여년 교수생활 중에 계속 '불교경전과 상담심리학'이라는 주제의 논문 발표. 화엄경과 화이트헤드 연구회·법륜불자교수회·한국동서정신과학회·한국정서행동장애아교육학회·대한문학치료학회 등의 회장을 역임하였습니다.
(다음 까페: 가사체금강경)

가사체 약사경과 한문 약사경 사경

초판 1쇄 인쇄 2021년 7월 20일 | 초판 1쇄 발행 2021년 7월 27일
공역 무비스님·조현춘 | 펴낸이 김시열
펴낸곳 도서출판 운주사 (02832) 서울시 성북구 동소문로 67-1 성심빌딩 3층
　　　전화 (02) 926-8361 | 팩스 0505-115-8361
ISBN 978-89-5746-657-5　03220　　값 6,500원
http://cafe.daum.net/unjubooks 〈다음카페: 도서출판 운주사〉